relâmpagos

relâmpagos

Osmar Pinto Junior
Iara Regina Cardoso de Almeida Pinto

2ª edição

editora brasiliense

Primeira edição, 1996
Segunda edição, 2008

Coordenação editorial: *Alice Kobayashi*
Coordenação de produção gráfica: *Roseli Said*
Revisão: *Tiago Sliachticas e Marcos Vinícius de Toledo Oliveira*
Projeto gráfico e diagramação: *Carolina Peres*
Ilustrações: *Lito Lopez*
Capa: *Carolina Peres*

Dados Internacionais de Catalogação na Publicação (CIP)
(Câmara Brasileira do Livro, SP, Brasil)

Pinto Junior, Osmar
        Relâmpagos / Osmar Pinto Junior, Iara Regina Cardoso de Almeida Pinto. -- 2. ed. -- São Paulo : Brasiliense, 2008.

        Bibliografia.
        ISBN 978-85-11-00112-9

        1. Descargas elétricas - Detecção 2. Descargas elétricas - Proteção 3. Eletricidade atmosférica 4. Raios - Proteção 5. Relâmpagos I. Pinto, Iara Regina Cardoso de Almeida. II. Título.

08-11784   CDD-551.5632

        Índices para catálogo sistemático:
    1. Raios : Eletricidade atmosférica :
            Perturbações atmosféricas : Ciências da terra
            551.5632
    2. Descargas atmosféricas : Detecção :
            Eletricidade atmosférica : Ciências da terra
            551.5632

editora e livraria brasiliense
Rua Mourato Coelho, 111 - Pinheiros
CEP 05417-010 - São Paulo - SP
www.editorabrasiliense.com.br

Sumário

Agradecimentos 7

Prefácio 9

Introdução 13

1 – O que são? 25

2 – Como se originam? 41

3 – Onde ocorrem com mais
frequência em nosso país? 53

4 – Como se proteger? 59

5 – Como evitar prejuízos? 71

6 – Como seria nosso planeta sem eles? 81

7 – Como serão no futuro? 89

Indicações de leitura XV

Sobre os autores XVI

Agradecimentos

Gostaríamos de agradecer aos nossos colegas do ELAT, em particular aos drs. Marcelo Magalhães Fares Saba e Kleber Pinheiro Naccarato pelo apoio às pesquisas do ELAT descritas neste livro, ao Instituto Nacional de Pesquisas Espaciais, pela constante oportunidade de realizarmos nossas pesquisas, e à Editora Brasiliense, pelo convite para escrever este livro.

Prefácio

Passaram-se doze anos desde o lançamento pela Editora Brasiliense do livro *Relâmpagos*, em 1996. Nessa época, a pesquisa sobre este tema estava apenas começando em nosso país, quase um século após o início em diversos outros países do hemisfério norte.

Contudo, em pouco mais de uma década, o conhecimento sobre relâmpagos avançou muito no Brasil. Pesquisas realizadas pelo Grupo de Eletricidade Atmosférica (ELAT) do Instituto Nacional de Pesquisas Espaciais (INPE) têm permitido desvendar desde os detalhes de relâmpagos individuais com o uso de câmeras de alta velocidade, como observar milhões de relâmpagos na maior parte do país com sistemas de detecção de relâmpagos. Com isso, nesta segunda edição, não só o conteúdo pôde ser revisto e aprimorado, mas também muitas novas informações puderam ser agregadas. Hoje sabemos que anualmente ocorrem cerca de 150 milhões de relâmpagos no Brasil, destes em média cinquenta milhões atingem o solo, conhecidos como *raios*. Também pudemos identificar com precisão as regiões onde o fenômeno é mais frequente em nosso país.

Os efeitos dos raios também estão mais bem quantificados. Morrem aproximadamente cem pessoas por ano, e os prejuízos por eles causados atingem algo em torno de um bilhão de reais. Como se proteger desse fenômeno e o que fazer para minimizar esses prejuízos são temas discutidos em detalhes nesta segunda edição.

Mas os relâmpagos também são úteis ao homem, e esse aspecto foi revisado detalhadamente em relação à edição anterior, com a abordagem de como seria o nosso planeta se os relâmpagos não existissem.

Finalmente, não poderíamos deixar de tratar o impacto das mudanças climáticas em andamento, devido ao aquecimento global, e a ocorrência dos relâmpagos em nosso país. E, como você verá, as pesquisas apontam para uma maior incidência de relâmpagos, porém com intensidades diferentes em cada região.

Esperamos que esta nova edição seja um sucesso, assim como foi a anterior que vendeu dois mil exemplares nos primeiros seis meses, um número expressivo para um livro científico. Esperamos também que ele ajude a derrubar mitos como "um raio não cai duas vezes em um mesmo lugar", a salvar vidas, minimizar prejuízos e despertar paixões para formar os cientistas de amanhã.

São José dos Campos, março de 2008.

Introdução

Desde o século XVIII, a partir dos experimentos pioneiros do cientista americano Benjamin Franklin (1706-1790), sabe-se que os *relâmpagos* são descargas elétricas que ocorrem devido ao acúmulo de cargas elétricas em regiões localizadas da atmosfera, em geral dentro de nuvens de tempestade, também conhecidas como *nuvens cúmulos-nimbos*. Quando o campo elétrico produzido por essas cargas excede a capacidade isolante do ar nessas regiões, a descarga elétrica ocorre.

Apesar de, em geral, os relâmpagos estarem associados a nuvens de tempestade, eles também podem ocorrer em tempestades de neve, tempestades de areia, ou mesmo durante erupções vulcânicas. Relâmpagos podem ainda ser gerados artificialmente por meio de explosões nucleares no fundo dos oceanos e na atmosfera, por longos fios condutores levados próximos das nuvens por foguetes ou ainda por feixes de *laser* de alta potência dirigidos para as nuvens de tempestade, conforme experimento realizado em 2008.

Existem diversos tipos de relâmpagos, classificados em função do local onde se originam e do local onde terminam. Eles podem ocorrer da nuvem para o solo ou do solo para a nuvem (denominados *raios*), dentro da nuvem, da nuvem para um ponto qualquer na atmosfera (denominados *descargas no ar*), ou ainda entre nuvens (figura 1). Em geral, esses últimos são indistinguíveis de relâmpagos que ocorrem dentro da nuvem, porém apresentam parte de sua trajetória fora da nuvem.

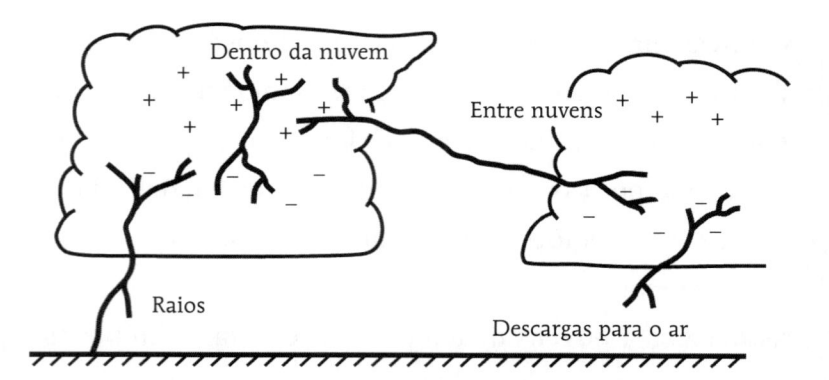

Figura 1
Ilustração dos diversos tipos de relâmpagos.

As fotografias A e B (ver páginas II e III do Caderno de imagens) mostram dois tipos de relâmpagos. De todos os tipos, os relâmpagos dentro das nuvens são os mais frequentes, em parte devido ao fato de a capacidade isolante do ar diminuir com a altura, em parte devido à maior proximidade de centros de carga de polaridades opostas. Globalmente, eles representam cerca de 70% do número total de relâmpagos. Esse percentual varia com o tipo de tempestade e a latitude geográfica da região, tendendo a ser maior em regiões de baixas latitudes e menor em regiões de médias latitudes. Contudo, devido à pouca transparência das nuvens, a maioria dos relâmpagos que ocorre dentro das nuvens não é vista pelo olho humano. Em raros casos, no entanto, esses relâmpagos saem da nuvem para, em seguida, entrar novamente, permitindo assim que possamos vê-los.

Os *relâmpagos da nuvem para o solo* duram em média um terço de segundo, embora valores variando desde um décimo de segundo a dois segundos têm sido registrados. Dentro desse intervalo de tempo, a corrente elétrica sofre grandes variações, atingindo picos tipicamente de 20.000 a 30.000 ampères durante períodos inferiores a um décimo de milésimo de segundo, algumas vezes intercalados por períodos de centenas de milésimos de segundo com correntes em torno de 100 a 200 ampères, denominadas *correntes contínuas*.

Como resultado do relâmpago, uma carga elétrica média total de 20 coulombs é transferida ao longo do canal da descarga da nuvem para o solo. Em menos de 1% dos casos, a corrente excede 200.000 ampères, sendo o maior valor registrado diretamente até hoje de 270.000 ampères. Valores de até 900.000 ampères já foram registrados indiretamente, porém estão sujeitos à confirmação. A corrente do relâmpago flui em um canal com um diâmetro de uns poucos centímetros e um comprimento médio de 5 km, onde a temperatura atinge valores tão elevados quanto 30.000 graus Celsius, equivalente a cinco vezes a temperatura na superfície do Sol, e a pressão com valores de dez atmosferas, ou seja, dez vezes a pressão atmosférica ao nível do mar.

Devido aos altos valores de temperatura e pressão dentro do canal do relâmpago, o ar ao seu redor expande-se em alta velocidade comprimindo o ar vizinho. Essas compressões propagam-se em todas as direções produzindo uma onda sonora conhecida popularmente como *trovão*. Essa onda apresenta uma máxima energia em frequências em torno de 100 hertz. A maior parte da energia elétrica do relâmpago (cerca de 75%) é, por esse processo, convertida em energia térmica e acústica. A intensidade do trovão depende da variação da corrente elétrica ao longo do canal. Em geral, o som é mais intenso próximo do solo, onde a corrente elétrica tem sua maior variação com o tempo. A duração do trovão, por sua vez, indica o comprimento do canal do relâmpago. Embora raro, em alguns casos relâmpagos não são acompanhados por trovão. Acredita-se que, nesses casos, a corrente elétrica do relâmpago é pouco intensa e varia lentamente, de modo que a onda sonora não chega a ser formada.

Normalmente pode-se escutar o trovão associado a um relâmpago da nuvem para o solo a até 15 km de distância do local onde ocorreu o relâmpago. Devido a diversas razões, entre elas os ventos, a temperatura do ar e o relevo do solo, dificilmente escuta-se o trovão em distâncias maiores do que 20 km. Em particular, a diminuição da temperatura do ar com a altura tende a fazer com que o trovão siga uma trajetória curva voltada para cima, o que o impede de ser escutado em grandes distâncias. A curvatura tende a acentuar-se na direção contrária ao vento.

Em distâncias menores do que 10 km, pode-se utilizar o trovão para obter-se a distância aproximada do relâmpago ao observador. Para tal, mede-se o intervalo de tempo entre o instante em que o observador vê o relâmpago e o instante em que ele escuta o trovão. Dividindo-se esse intervalo de tempo, expresso em segundos, por três tem-se a distância aproximada do relâmpago ao observador, expressa em quilômetros.

Isso se deve ao fato de que a velocidade do som é aproximadamente 330 m/s, enquanto a velocidade da luz é igual a 300.000.000 m/s. Quando o intervalo de tempo é inferior a alguns poucos segundos, isto é, quando o relâmpago se encontra a distâncias menores que um quilômetro, o erro na distância calculada tende a ser grande. Nos casos em que a distância do relâmpago ao observador é inferior a algumas poucas centenas de metros, o ruído típico do trovão costuma ser precedido por um estampido semelhante ao barulho produzido ao bater-se palmas.

Cerca de 1% da energia elétrica do relâmpago é convertida em energia eletromagnética ou radiação, conhecida como *sferics*, numa larga faixa de frequências que vai de algumas dezenas de hertz até o visível, com uma intensidade máxima em torno de 5 a 10 quilohertz. Apesar desse pequeno percentual, a radiação produzida é suficiente para provocar diversos fenômenos. Na faixa de algumas centenas de quilohertz a até algumas centenas de megahertz, por exemplo, essas ondas costumam produzir indesejáveis interferências em aparelhos de rádio e televisão.

A detecção dessas ondas consiste no fundamento dos *sistemas de detecção de relâmpagos*, bastante difundidos atualmente e em operação em dezenas de países e que permitem monitorar a ocorrência de relâmpagos tanto da nuvem para o solo como dentro da nuvem em tempo real. A radiação na faixa do visível, por sua vez, emitida de uma região com um diâmetro de até um metro ao redor do canal, seria suficiente para iluminar uma cidade de 200.000 habitantes por cerca de um minuto.

Entre os outros tipos de relâmpagos, os mais frequentes são os *relâmpagos dentro das nuvens*, sendo os demais tipos comparativamente mais raros. Os relâmpagos da nuvem para um ponto qualquer no ar têm a característica de percorrer grandes distâncias numa mesma altura na atmosfera, em alguns casos atingindo dezenas ou mesmo centenas de quilômetros, principalmente durante grandes tempestades. Quando se dirigem para cima são denominados *jatos azuis*. Já os relâmpagos do solo para a nuvem ocorrem a partir de altas torres ou prédios e possuem ramificações na direção oposta à dos relâmpagos da nuvem para o solo. Os relâmpagos entre nuvens são muito pouco conhecidos por serem, em geral, indistinguíveis dos relâmpagos dentro das nuvens.

Os relâmpagos também podem afetar a alta atmosfera, em torno de 80 km de altura, excitando as moléculas de ar a ponto de produzir luzes de diferentes cores sobre o topo das nuvens, conhecidas em geral como *sprites* (palavra que em português significa "duendes").

Independentemente do tipo de relâmpago, sua forma é quase sempre similar, assemelhando-se a uma linha tortuosa, formada por um grande número de pequenos (50 m de comprimento) segmentos retos. Em média, dois segmentos adjacentes formam um ângulo entre 10 e 20 graus. Em raros casos, todavia, os relâmpagos podem apresentar estranhas formas, como uma linha com sucessivas interrupções, uma faixa, ou ainda, uma bola.

Relâmpagos com sucessivas interrupções — semelhantes a linhas tracejadas — ou na forma de uma faixa, conhecidos em inglês como *bead lightning* e *ribbon lightning*, respectivamente, têm sido fotografados diversas vezes indo da nuvem para o solo.

Duas principais teorias procuram explicar os relâmpagos com sucessivas interrupções. A primeira considera que diferentes partes do canal mantenham-se iluminadas durante diferentes intervalos de tempo, devido à não homogeneidade do ar na atmosfera. A segunda teoria atribui a existência desses relâmpagos a efeitos visuais produzidos por gotas de chuva colocadas na direção de observação. Dependendo da posição relativa do observador em relação ao canal na atmosfera, algumas partes do canal não são observadas. Os autores deste livro tiveram a oportunidade de visualizar uma única vez um relâmpago desse tipo em janeiro de 1995, em São José dos Campos, estado de São Paulo, a uma distância de cerca de 5 km (infelizmente, ele não foi registrado). Relâmpagos na forma de uma faixa são explicados pelo alargamento do canal pela ação dos ventos. Efeito semelhante pode ser obtido movendo-se lentamente a máquina fotográfica ao tirar-se uma fotografia de um relâmpago.

Diferentemente dos demais, os relâmpagos em forma de bola, conhecidos como *relâmpagos bola*, ainda não foram fotografados, e o conhecimento sobre eles é proveniente de relatos de um grande número de observadores. Em geral, ocorrem nas proximidades de nuvens de tempestade e seguem caminhos erráticos nem sempre em direção ao solo. Possuem a forma esférica, com um diâmetro em torno de dez centímetros, cores variadas − as mais comuns sendo o vermelho, o laranja e o amarelo − e duram em torno de alguns segundos. Diversas teorias já foram propostas para explicá-los, embora nenhuma tenha alcançado completo sucesso. Recentemente, pesquisas realizadas em laboratórios em diversos países têm reproduzido o fenômeno, porém em tamanho menor e com menor duração.

Um total de cerca de cinquenta relâmpagos de todos os tipos ocorrem no mundo a cada segundo, o que equivale a aproximadamente quatro milhões por dia ou um e meio bilhão por ano. Apesar do fato de a maior parte da superfície de nosso planeta estar coberta por água, menos de 10% do total de relâmpagos ocorrem nos oceanos devido a diversos motivos, entre eles a maior dificuldade de responderem às variações de temperatura ao longo do dia, a maior umidade do ar sobre os oceanos e a inexistência de alterações bruscas em sua superfície. Relâmpagos ocorrem predominantemente no verão, devido ao maior aquecimento solar.

O mapa 1 (ver página IV do Caderno de imagens) mostra a distribuição global dos relâmpagos com relação ao número de relâmpagos por quilômetro quadrado (ou densidade de relâmpagos) por ano. Essa figura baseia-se em observações feitas a bordo de satélites por dois sensores óticos desenvolvidos pela Agência Espacial Americana (Nasa) entre 1995 e 2007. Nela, pode-se ver que a maioria dos relâmpagos ocorre sobre os continentes e em regiões tropicais. Em particular, as principais regiões de ocorrência de relâmpagos são a região central da África, o sul da Ásia, no hemisfério norte, e o Brasil, a Colômbia, a ilha de Madagascar e a Indonésia, no hemisfério sul.

Em partes dessas regiões, a densidade de relâmpagos por ano atinge valores superiores àqueles registrados no famoso edifício Empire State, em Nova York, nos Estados Unidos, que, com seus 410 metros de altura, é atingido por cerca de trinta relâmpagos por ano, embora, nesse caso, a maior parte (cerca de 90%) seja de relâmpagos do solo para a nuvem. Relâmpagos são raros em regiões de altas latitudes geográficas, devido ao ar ser muito frio, e em regiões desérticas, onde não há umidade suficiente para a formação das nuvens de tempestade.

Com base nos dados do mapa 1 e nas informações da Rede Brasileira de Detecção de Descargas Atmosféricas (BrasilDat), operada pelo Grupo de Eletricidade Atmosférica (ELAT) do Instituto Nacional de Pesquisas Espaciais, em parceria com outras instituições, tem-se que, anualmente, cerca de 150 milhões de relâmpagos ocorrem em nosso país; destes, cinquenta milhões atingem o solo. Isso representa aproximadamente seis raios por quilômetro quadrado por ano atingindo o solo brasileiro.

No Brasil, os raios causam cerca de cem mortes por ano e entre 300 e 400 pessoas feridas, além de prejuízos da ordem de um bilhão de reais. A maioria das mortes ocorre em situações nas quais as pessoas ficam ao ar livre, em cidades pequenas ou médias. O estado com o maior número de mortes é São Paulo, com aproximadamente 30% do total de casos registrados no país. Já os prejuízos ocorrem sobretudo no setor elétrico, mas atingem também outros setores, como a indústria, e até o cidadão comum, com a queima de equipamentos em sua residência.

Os relâmpagos, contudo, também têm seu lado positivo para o homem ao fazerem parte de um complicado processo de equilíbrio da natureza, que, em última análise, deu origem e preserva a vida em nosso planeta.

Finalmente, ao longo da última década ficou comprovado que estamos passando por mudanças climáticas oriundas do aquecimento global do planeta. Tais mudanças certamente trarão um aumento na incidência de relâmpagos nas próximas décadas, que tende a ser diferente em cada região. Um dos principais desafios é procurarmos quantificar esses aumentos.

1

O que são?

Relâmpagos são descargas elétricas de grande intensidade e comprimento que ocorrem na atmosfera. Valores típicos de intensidade vão desde alguns poucos milhares a centenas de milhares de ampères, estes últimos somente registrados no caso de relâmpagos da nuvem para o solo. Valores típicos de comprimento vão desde alguns poucos quilômetros até centenas de quilômetros, estes últimos somente registrados no caso de relâmpagos da nuvem para o ar. Embora o relâmpago para o olho humano possa parecer uma descarga contínua, na verdade ele é formado por pulsos de corrente, com duração de dezenas a centenas de microssegundos (um microssegundo equivale a um milionésimo de segundo) e intensidades de até centenas de milhares de ampères, e correntes com lentas variações, com duração de dezenas a centenas de milissegundos (um milissegundo equivale a um milésimo de segundo) e intensidades de até centenas de ampères. A forma da corrente de um relâmpago irá depender do tipo de relâmpago.

No caso de relâmpagos da nuvem para o solo, em geral, a corrente é composta de múltiplas descargas, algumas seguidas por correntes com variações lentas. Em geral, o olho humano não é capaz de perceber as múltiplas descargas, e somente em alguns casos elas são notadas como um piscar do relâmpago.

O estudo dessas múltiplas descargas que compõem um relâmpago da nuvem para o solo teve seu início no final do século XX e tem sido feito por meio da utilização de diversas técnicas: espectroscopia, fotografia, medidas do campo eletromagnético gerado pelo relâmpago, medidas da corrente elétrica que atinge o solo e medidas com câmeras de alta velocidade. A espectroscopia consiste em decompor a luz emitida pelo relâmpago em diversas frequências, procurando identificar diferentes aspectos dos relâmpagos por meio da comparação da luz em diferentes frequências.

De todas as técnicas citadas, a espectroscopia pode ser considerada a mais antiga. O uso de fotografia para estudar os relâmpagos teve seu início no começo do século XX. Estudos realizados utilizando essa técnica na África do Sul, na década de 1930, e no edifício Empire State, em Nova York, nos Estados Unidos, nas décadas de 1930 e 1940, serviram como base para o conhecimento atual das características das descargas que compõem os relâmpagos da nuvem para o solo. Medidas do campo eletromagnético gerado pelo relâmpago tiveram início na década de 1920, sendo amplamente utilizadas até hoje.

Os atuais sistemas de detecção de relâmpagos que abrangem áreas de centenas de milhares de quilômetros quadrados são baseados na medida do campo eletromagnético gerado pelo relâmpago. Medidas da corrente elétrica do relâmpago têm sido feitas desde o início do século XX. O principal método consiste em medir a corrente elétrica que incide em uma torre metálica com algumas dezenas de metros, erguida normalmente no topo de montanhas de modo a atrair os relâmpagos. As primeiras medidas utilizando esse método foram feitas na Suíça na década de 1940. Já medidas com câmeras de alta velocidade iniciaram-se na África do Sul na década de 1930 e tiveram um grande impulso no início do século XXI por meio de medidas feitas pelo ELAT.

Com base nesses estudos, hoje se sabe que as características das descargas que compõem o relâmpago são similares em qualquer local; contudo, existem diferenças devido ao tipo de relevo, condições geográficas e meteorológicas, estação do ano e, provavelmente, outros fatores não conhecidos.

Os relâmpagos da nuvem para o solo, os mais estudados devido ao seu caráter destrutivo, podem ser divididos em três tipos: negativos, positivos e bipolares, em função do sinal da carga transferida da nuvem ao solo. Os relâmpagos negativos transferem cargas negativas de regiões de cargas negativas dentro da nuvem para o solo. Os relâmpagos positivos transferem cargas positivas de regiões de cargas positivas próximas do topo da nuvem para o solo. Os relâmpagos bipolares, por sua vez, transferem cargas de ambos os sinais para o solo e originam-se em regiões de separação de cargas dentro da nuvem. A figura 2 mostra um esquema simplificado

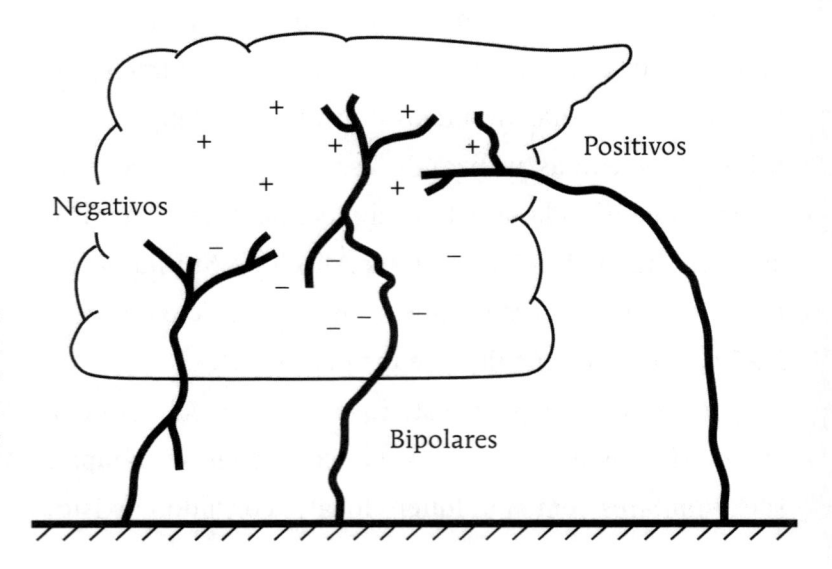

Figura 2
Tipos de relâmpagos da nuvem para o solo: negativos, positivos e bipolares.

da distribuição de cargas elétricas dentro de uma nuvem de tempestade e dos três tipos de relâmpagos da nuvem para o solo.

A maior parte dos relâmpagos da nuvem para o solo é negativo. Em média, eles representam globalmente cerca de 90% do total. Os 10% restantes são relâmpagos positivos (9%) ou bipolares (1%). A frequência dos relâmpagos positivos, entretanto, parece ser bastante variável, sendo em alguns casos até superior à dos negativos. Vários fatores parecem influir sobre o percentual de relâmpagos positivos, entre eles a altura das cargas positivas próximas do topo da nuvem e a variação da velocidade horizontal dos ventos com a altura. O primeiro fator está relacionado com a latitude geográfica, bem como com a estação do ano, ao passo que o segundo fator depende das condições meteorológicas. Quanto menor for a latitude geográfica, maior será a altura das cargas positivas, o que tornará mais difícil que o relâmpago positivo atinja o solo. O mesmo tende a ocorrer no verão quando as nuvens normalmente são mais altas. Quanto maior for a variação do vento com a altura, por sua vez, maior será o deslocamento das cargas positivas em relação às cargas negativas, facilitando os relâmpagos positivos a atingirem o solo.

Pesquisas em diversas regiões no mundo, incluindo o Brasil, têm mostrado que a frequência de ocorrência de relâmpagos positivos pode variar bastante em diferentes sistemas meteorológicos, como nos sistemas convectivos de mesoescala. Em tais sistemas, largas regiões de cargas positivas podem se formar na altura do topo das nuvens, deslocadas em relação às cargas negativas por centenas de quilômetros, criando regiões distintas de ocorrência de relâmpagos positivos e negativos.

As figuras da página ao lado ilustram as diversas etapas que ocorrem durante um relâmpago negativo da nuvem para o solo. O relâmpago inicia-se com uma fraca descarga luminosa, geralmente não visível, que se propaga da região de cargas negativas em direção ao solo com uma velocidade em torno de 100 km por segundo (figuras 3a e 3b). Essa descarga, denominada líder escalonado, é em geral precedida por fracas descargas que ocorrem dentro da nuvem, responsáveis pela quebra da rigidez dielétrica do ar. O *líder escalonado* segue um caminho tortuoso e em etapas, cada uma percorrendo aproximadamente 50 metros e com duração de 500 microssegundos, em busca do caminho mais fácil para a formação do canal. Ao final de cada etapa, há uma pausa de cerca de 50 microssegundos.

Geralmente a descarga ramifica-se ao longo de vários caminhos, embora a maioria dos ramos não atinja o solo. A duração do líder escalonado é em torno de 20 milissegundos. Durante esse tempo, a corrente elétrica média no canal é de algumas centenas de ampères, com pulsos de ao menos 1 kA entre as diferentes etapas. No total, o canal é carregado com cerca de 5 coulombs de carga. A radiação emitida durante o líder escalonado ocorre principalmente na faixa de frequência de dezenas de megahertz.

Figura 3
Sequência temporal de eventos durante um relâmpago negativo da nuvem para o solo com duas descargas de retorno.

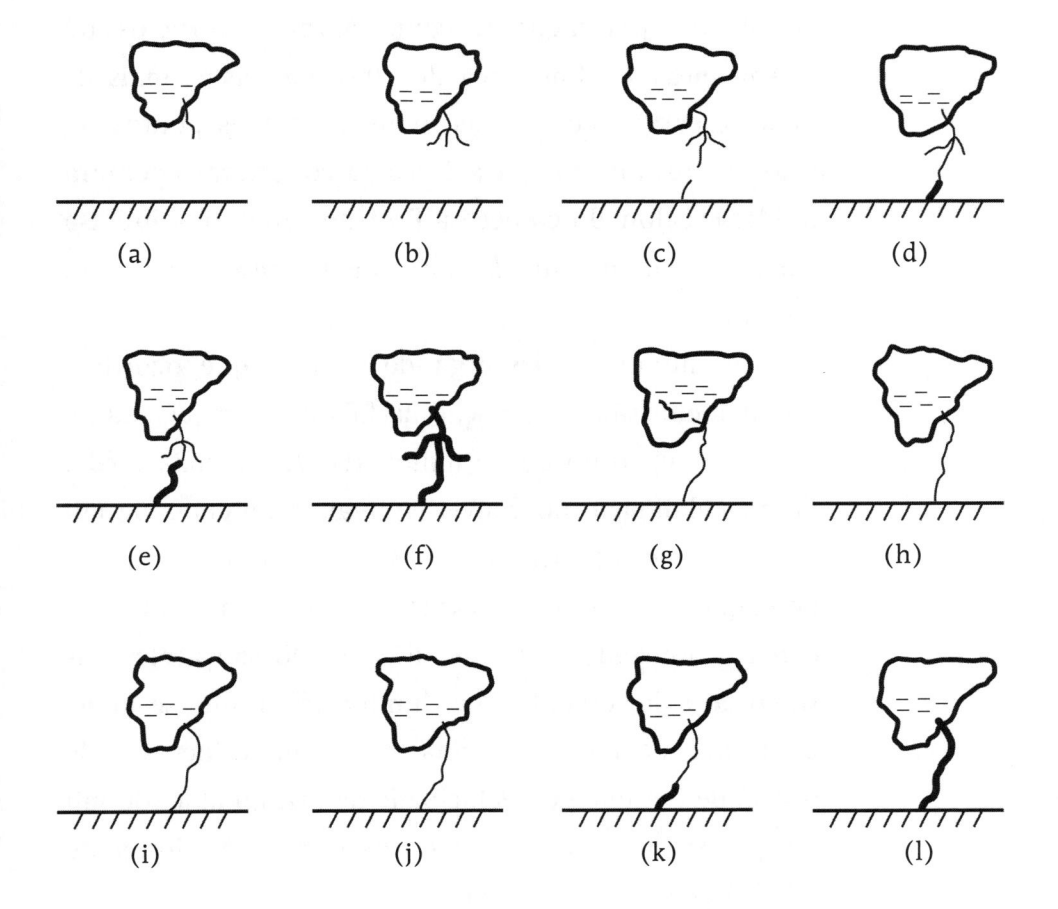

Quando o líder escalonado aproxima-se de algumas dezenas de metros do solo, o potencial no canal em relação ao solo é da ordem de 100 milhões de volts. Isso torna o campo elétrico suficientemente intenso para fazer com que uma descarga saia do solo em direção a ele, denominada *descarga conectante* (figura 3c). Essa descarga inicia-se geralmente a partir de objetos pontiagudos, como árvores, edifícios ou mesmo pessoas. Em cerca de 30% dos casos, mais de uma descarga ocorre a partir de diferentes pontos no solo. No instante em que a descarga conectante encontra o líder escalonado começa a fluir no canal uma intensa corrente denominada *descarga de retorno* (figuras 3d, 3e, 3f).

É durante a descarga de retorno que ocorre a máxima emissão de radiação na faixas de frequência do visível e em torno de 10 quilohertz. A potência média de um relâmpago no visível equivale à potência de mil lâmpadas de 100 watts acesas ao mesmo tempo. Na descarga de retorno, as cargas negativas presentes no canal já ionizado pelo líder escalonado são aceleradas rumo ao solo, criando uma luminosidade que se move para cima ao longo do canal com uma velocidade da ordem de um terço da velocidade da luz, igual a 300 mil km por segundo, preenchendo os ramos anteriormente criados pelo líder escalonado.

A corrente no canal durante a descarga de retorno perdura em média 100 microssegundos. Nos primeiros poucos microssegundos, a corrente atinge um valor máximo tipicamente de 20 mil a 30 mil ampères, sendo que valores tão altos quanto 270 mil ampères já foram registrados. Depois, ela decai lentamente.

A figura 4 ilustra a típica corrente medida no solo durante uma descarga de retorno de um relâmpago negativo. Se após a descarga de retorno o relâmpago terminar, ele é dito relâmpago de uma simples descarga ou relâmpago simples. Todavia, em aproximadamente 80% dos casos mais de uma descarga de retorno ocorre, dos quais em 1% dos casos elas se repetem seis ou mais

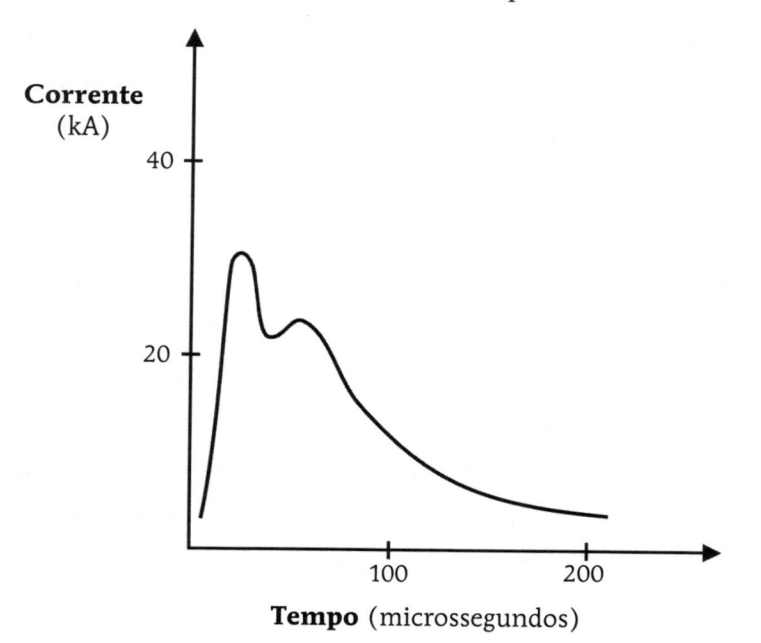

Corrente (kA)

Tempo (microssegundos)

Gráfico 1
Corrente medida no solo durante uma descarga de retorno de um relâmpago da nuvem para o solo negativo.

vezes. Há registros de mais de 25 descargas de retorno em um único relâmpago, e no Brasil o máximo valor registrado pelo ELAT é de 18. Nesses casos, o relâmpago é denominado *relâmpago de descargas múltiplas* ou *relâmpago múltiplo*. Em geral, relâmpagos de descargas múltiplas apresentam de três a quatro descargas de retorno. Há evidências de que esse valor possa ser maior em relâmpagos associados a tempestades organizadas.

Para que novas descargas de retorno aconteçam em um relâmpago de descargas múltiplas, é necessário que haja a ocorrência de descargas fracas dentro da nuvem, que depositam mais cargas na região onde se iniciou o líder escalonado (figura 3g). A seguir surge uma nova descarga rumo ao solo, denominada *líder contínuo* (figuras 3h, 3i, 3j), que irá abrir o caminho para a nova descarga de retorno. Diferentemente do líder escalonado, o líder contínuo propaga-se, em geral, ao longo do canal já ionizado pelo líder escalonado de forma contínua e sem apresentar a ramificação típica do primeiro. Dados obtidos pelo ELAT mostram que em cerca de 50% dos casos, todavia, ele pode se desviar ao longo do trajeto, seguindo um novo caminho. Nesse caso, a nova descarga de retorno irá ocorrer a partir de um ponto diferente no solo. Relâmpagos desse tipo são vistos pelo olho humano atingindo mais de um ponto no solo e são conhecidos como *relâmpagos bifurcados*.

O líder contínuo é a principal fonte de radiação na faixa de frequência de microondas. O intervalo de tempo entre a descarga de retorno e o líder contínuo é tipicamente 60 milissegundos, e o maior valor registrado pelo ELAT até hoje no Brasil foi de 536 milissegundos. A intensidade do líder contínuo é, em geral, mais fraca que a do líder escalonado, uma vez que parte da carga da nuvem já havia sido descarregada. Sua velocidade de propagação no canal, entretanto, é bem maior do que a do líder escalonado (cerca de dez vezes), devido à já existência do canal. A descarga de retorno que se segue (figura 3k, 3l), embora atinja um valor máximo de corrente em um tempo menor do que a descarga de retorno inicial, é mais fraca que a primeira, embora em alguns casos possa ser mais intensa. No caso de haver mais líderes contínuos e descargas de retorno, as mesmas considerações anteriormente são válidas.

Em cerca de 15% dos relâmpagos negativos simples da nuvem para o solo e em 30% dos múltiplos, as descargas de retorno são seguidas por uma corrente com variações lentas, com intensidade em torno de 100 a 200 ampères durante um período de dezenas a centenas de milissegundos, denominada *corrente contínua*. No Brasil, a maior duração de corrente contínua já observada com câmeras de alta velocidade pelo ELAT foi de 560 milissegundos, e em 5% dos casos a duração ultrapassou

400 milissegundos. Medidas realizadas pelo ELAT também sugerem que, para relâmpagos negativos da nuvem para o solo, a duração da corrente contínua está associada ao pico de corrente da descarga de retorno que a precede. Acredita-se que a corrente contínua esteja associada à distribuição horizontal e vertical do canal do relâmpago dentro da nuvem.

Um típico relâmpago da nuvem para o solo negativo transfere 25 coulombs de carga negativa da nuvem para o solo ao longo de toda sua duração. Nos casos em que haja um grande número de descargas de retorno ou diversos períodos de corrente contínua, cargas maiores que 100 coulombs podem ser transferidas em um intervalo de tempo que pode atingir até dois segundos.

Os relâmpagos positivos da nuvem para o solo seguem em geral as mesmas etapas descritas para os negativos, mas iniciam-se a partir de um líder contínuo, não apresentando um líder escalonado. Conforme observações feitas pelo ELAT, cerca de 75% dos casos costumam apresentar somente uma descarga de retorno, seguida por uma corrente contínua em média mais intensa e de maior duração (aproximadamente três vezes conforme registros do ELAT) que a média das correntes contínuas em relâmpagos negativos, da nuvem para o solo, transferindo, em consequência, uma quantidade de cargas maior do que à dos negativos.

Tipicamente são transferidos 80 coulombs de carga positiva da nuvem para o solo durante um relâmpago positivo (na realidade são transferidas cargas negativas do solo para a nuvem). A intensidade da corrente da descarga de retorno em relâmpagos positivos também costuma ser maior do que nos negativos (cerca do dobro conforme registros do ELAT), ultrapassando em aproximadamente 5% dos casos 200 mil ampères (no caso dos negativos apenas 0,1% dos casos ultrapassa esse valor). É a maior duração da corrente contínua dos relâmpagos positivos comparada à dos negativos, que faz com que, em geral, os relâmpagos positivos sejam mais destrutivos que os relâmpagos negativos. Quanto maior a duração da corrente, mais chances ela tem de provocar um incêndio. É a corrente contínua a responsável pela maioria dos incêndios provocados por relâmpagos. É por essa razão que os relâmpagos com corrente contínua são algumas vezes chamados de *relâmpagos quentes*.

Os relâmpagos bipolares da nuvem para o solo são caracterizados por apresentarem descargas de retorno que transportam cargas de ambas as polaridades para o solo. Existem evidências que eles se iniciam com uma descarga de retorno positiva. Esses relâmpagos são bastante raros e pouco conhecidos.

Os relâmpagos do solo para a nuvem também podem ser negativos, positivos (ou mesmo bipolares), dependendo da polaridade das cargas contidas na região da nuvem a que se dirigem. Os negativos são aqueles em que o relâmpago encontra uma região de cargas negativas dentro da nuvem e os positivos uma região de cargas positivas. No caso dos bipolares, descargas de retorno diferentes encontram regiões de cargas diferentes dentro da nuvem. Em geral, os relâmpagos do solo para a nuvem também se iniciam por meio de um líder escalonado que se move para cima criando várias ramificações, seguido por uma corrente contínua de longa duração. Em alguns casos, essa corrente contínua pode ser bipolar, caracterizando o relâmpago como bipolar, independentemente das descargas de retorno. Em cerca de 50% dos relâmpagos do solo para a nuvem não há ocorrência de descarga de retorno, e sim somente uma corrente contínua de longa duração.

Os relâmpagos dentro das nuvens iniciam-se por meio de de um líder contínuo que se propaga com uma velocidade em torno de 10 km por segundo, em geral, de uma região de cargas negativas para uma de cargas positivas dentro da nuvem, embora o contrário possa ocorrer. Ele é seguido por algumas diversas descargas de poucos milhares de ampères, denominadas *descargas K*, com duração de aproximadamente um milissegundo cada, que ocorrem quando o líder encontra pequenas regiões de carga em seu trajeto. Nesse tipo de relâmpago não ocorrem descargas de retorno. Relâmpagos dentro das nuvens são acompanhados por emissão de radiação principalmente em frequências acima de 300 quilohertz.

Os relâmpagos entre nuvens e da nuvem para o ar são pouco conhecidos. Todavia, acredita-se que suas características sejam similares à dos relâmpagos dentro das nuvens.

Evidências recentes obtidas por sistemas de detecção que operam na faixa de frequência de dezenas a centenas de megahertz, conhecida como *very high frequency* (VHF), têm mostrado que os relâmpagos que se originam dentro da nuvem, diferentemente dos relâmpagos do solo para a nuvem (ou descargas que se iniciam em eletrodos em laboratório), iniciam-se por meio de dois líderes com as mesmas características, porém de cargas opostas, que se movem em direções contrárias dentro da nuvem.

Essas evidências têm fortalecido um antigo conceito pelo qual todos os relâmpagos são bidirecionais, não sendo iniciados por um líder unidirecional, como descrito anteriormente. Embora esse conceito possa explicar algumas etapas dos relâmpagos de forma mais generalizada, ele não afeta a descrição dos relâmpagos dada anteriormente.

2
Como se originam?

A maior parte dos relâmpagos ocorre em associação com nuvens de tempestade, também conhecidas como *nuvens cúmulos-nimbos*, embora outros tipos de nuvens, como estratos-cúmulos ou nimbos-estratos, também possam raramente produzir relâmpagos. As nuvens se formam a partir da condensação do vapor d'água existente na atmosfera, formando gotículas de água ou partículas de gelo. As nuvens de tempestade distinguem-se das outras formas de nuvens por seu tamanho, por sua grande extensão vertical e por apresentarem fortes correntes verticais de ar. Nuvens de tempestade podem ser classificadas em dois tipos: isoladas, também conhecidas como *locais* ou *convectivas*, e em grupos, formando tempestades organizadas. Estas últimas costumam ser mais intensas, causando, além de relâmpagos, intensos ventos e granizo. Em qualquer instante, cerca de duas mil nuvens de tempestade estão ocorrendo ao redor do mundo. Cerca de cinquenta mil nuvens de tempestade formam-se todo dia. Na maior parte do Brasil, nuvens de tempestade ocorrem em mais de cinquenta dias por ano, e em algumas regiões elas ocorrem em mais de cem dias por ano.

O processo de formação das nuvens de tempestade na atmosfera depende de muitos fatores, entre eles a temperatura e a umidade do ar e o grau de instabilidade da atmosfera, o qual está relacionado à variação de temperatura com a altura. Na atmosfera, a temperatura a partir do solo diminui com a altura até determinado nível, denominado tropopausa, a partir do qual passa a aumentar. A altura da *tropopausa* depende principalmente da latitude geográfica. Próximo do equador, a tropopausa situa-se em torno de 16 km, enquanto em altas latitudes está situada ao redor de 10 km. Quanto mais rápido diminuir a temperatura com a altura, mais instável será a atmosfera. Do ponto de vista prático, costuma-se considerar a atmosfera instável quando a diminuição da temperatura com a altura for igual ou maior do que seis graus Celsius por quilômetro. Os fatores citados acima, por sua vez, dependem do aquecimento solar, das características do relevo e da presença de sistemas meteorológicos, como os sistemas frontais, também conhecidos como *frentes frias*, tão frequentes nas regiões Sul e Sudeste do Brasil.

Na atmosfera existe água na forma de vapor misturada ao ar. Uma parcela de ar contendo vapor, isto é, ar úmido, ao ser aquecida próxima da superfície da Terra expande-se, diminuindo sua densidade, e com isso tende a subir. À medida que vai subindo, o vapor vai se condensando ao encontrar menores temperaturas. A condensação do vapor d'água depende da existência de pequenas partículas, como grãos de sal, poeira ou partículas provenientes da atividade industrial, denominadas *núcleos de condensação*. O processo de condensação é acompanhado da liberação de calor, denominado *calor latente*, que aquece a parcela contribuindo para seu movimento de ascensão. O perfil de temperatura, isto é, a forma com que a temperatura varia com a altura, irá definir a altura em que o processo de ascensão irá cessar. Em alguns casos, o processo estende-se até a tropopausa, onde, então, a mudança no comportamento da temperatura com a altura impede que ele prossiga. É o vapor condensado em gotículas de água, juntamente com os diferentes tipos de partículas de gelo que se formam, que se torna visível como uma nuvem. Uma típica nuvem de tempestade contém algo em torno de meio milhão de toneladas de água e gelo.

Uma nuvem de tempestade isolada típica dura de uma a duas horas. Durante sua vida, ela passa por três diferentes estágios – desenvolvimento, maduro e dissipativo – cada estágio durando cerca de vinte a quarenta minutos. A formação de uma nuvem de tempestade isolada inicia-se a partir da reunião de pequenas nuvens cúmulos, como as mostradas na fotografia C (ver página V). Nuvens cúmulos são nuvens brancas que se formam tipicamente em torno de 1 km de altura com extensão tanto horizontal como vertical de algumas poucas centenas de metros. Se as condições atmosféricas são favoráveis, como descrito anteriormente, essas nuvens podem se agrupar formando nuvens maiores, passando a apresentar uma forma que se assemelha à forma de couve-flor.

Essas nuvens, por sua vez, podem convergir para formar uma nuvem ainda maior denominada *cúmulos--congestos* (fotografia D, ver página VI). Nesse ponto, embora a base da nuvem ainda se encontre em torno de 1 km, seu topo já atinge alturas entre 3 km e 5 km e sua extensão horizontal chega a alguns quilômetros. A nuvem, composta por centenas de nuvens cúmulos, apresenta ainda a forma de couve-flor. Em alguns casos, a nuvem cessa seu desenvolvimento nesse ponto, não evoluindo para uma nuvem de tempestade, e dissipando--se sem apresentar relâmpagos. Caso contrário, a nuvem continua seu movimento ascendente ultrapassando o nível de congelamento, altura em que a temperatura é em torno de zero graus Celsius. Temos então uma nuvem de tempestade em seu estágio de desenvolvimento, com um diâmetro que varia entre 3 km e 8 km e o topo atingindo a altura entre 5 km e 8 km e apresenta irregularidades devido às partículas de gelo. O movimento do ar dentro da nuvem é predominantemente ascendente, arrastando gotículas de água e partículas de gelo para cima.

No estágio maduro, a nuvem de tempestade apresenta em sua parte inferior tanto movimentos ascendentes como descendentes. Os movimentos descendentes ocorrem devido à não-sustentação das gotículas de água e partículas de gelo que cresceram de tamanho. Nesse estágio, tais movimentos podem atingir velocidades tão elevadas quanto 100 km por hora. O diâmetro da nuvem é tipicamente de 10 km, embora possa atingir em alguns casos dezenas de quilômetros. A base da nuvem pode variar de 1 km até cerca de 4 km, dependendo da umidade, e costuma ser relativamente plana. O topo atinge alturas que variam de 8 km a 20 km, alcançando e mesmo ultrapassando em alguns casos a tropopausa. A forma do topo também costuma apresentar um alargamento em relação ao diâmetro da nuvem, devido à influência dos ventos.

A fotografia E (ver página VII) mostra uma típica nuvem cúmulo-nimbo no estágio maduro. Em alguns casos, esse alargamento faz com que a nuvem se assemelhe a uma bigorna apontando na direção do vento. É nesse estágio que costumam ocorrer chuvas intensas e a maioria dos relâmpagos. Os relâmpagos da nuvem para o solo são, em geral, precedidos por relâmpagos dentro da nuvem e podem ocorrer tanto antes como depois do início da chuva. Medidas também têm mostrado que, quanto mais alto for o topo da nuvem, maior será a frequência de relâmpagos.

No estágio dissipativo, o movimento de ar é quase exclusivamente descendente, provocando um esfriamento da nuvem em relação à sua vizinhança. A altura do topo e o diâmetro da nuvem de tempestade nesse estágio tendem a diminuir até que a nuvem seja completamente dissipada.

As alturas atingidas pelo topo das nuvens de tempestade em seus diversos estágios dependem principalmente da latitude geográfica. Em regiões de média para altas latitudes (acima de cerca de 45 graus), o topo das nuvens de tempestade raramente ultrapassa 8 km de altitude, ao passo que, em regiões de média para baixas latitudes (abaixo de 45 graus), o topo pode alcançar altitudes tão grandes quanto 20 km ou mais. Em cerca de 50% dos casos, o topo das nuvens de tempestade ultrapassa 15 km de altura. A maior incidência de nuvens de tempestade com topos acima de 20 km parece ocorrer no norte da Austrália, na Indonésia e na Nova Guiné.

Nuvens de tempestade isoladas são mais comuns em regiões tropicais e equatoriais durante o verão, embora também ocorram em regiões próximas dos polos e em outras estações do ano. Essas nuvens ocorrem mais sobre os continentes do que sobre os oceanos, porque a temperatura do ar sobre os oceanos é menos alterada pelo aquecimento solar e a umidade é mais elevada, dificultando a aceleração da convecção, além do fato de a superfície do oceano ser plana, não apresentando saliências típicas dos continentes. Nuvens de tempestade isoladas também são mais comuns sobre as montanhas, onde o ar é mais quente do que em sua vizinhança para uma mesma altura. Embora essas nuvens possam ocorrer a qualquer hora do dia, o máximo de ocorrência tende a ser por volta das quatro horas da tarde (horário local) devido ao aquecimento solar. Sobre as montanhas, o máximo tende a ocorrer mais cedo, no início da tarde.

Nuvens de tempestade que ocorrem em grupos estão associadas com sistemas meteorológicos de mesoescala, isto é, sistemas com dimensões de centenas de quilômetros. Nuvens de tempestade assim formadas duram, em geral, o mesmo tempo das nuvens de tempestade isoladas. Diferentemente das nuvens de tempestade isoladas, essas nuvens podem deslocar-se por dezenas de quilômetros ao longo de sua vida. Devido ao deslocamento do sistema, à medida que as nuvens vão se dissipando, novas nuvens vão sendo formadas, de modo que a tempestade pode durar por várias horas, ocasionalmente podendo regenerar-se durante sucessivos dias.

Como as nuvens de tempestade tornam-se carregadas ainda não é completamente conhecido. Em parte, isso se deve ao fato de a estrutura elétrica de uma nuvem de tempestade ser bastante complexa, sendo o resultado de processos macrofísicos, que atuam em escalas de quilômetros, e processos microfísicos, que atuam em escalas de centímetros ou metros, ambos ocorrendo simultaneamente dentro da nuvem. Acredita-se que tanto as nuvens isoladas como aquelas em grupo possuam uma estrutura similar, embora não haja informações detalhadas. Como resultado desses processos, cargas intensas são produzidas no interior da nuvem, com valores típicos de centenas de coulombs. São essas cargas que dão origem aos relâmpagos.

Em termos macrofísicos, o principal processo é o gravitacional. Esse processo assume que a ação da gravidade, atuando sobre diferentes partículas de gelo com tamanhos que variam de uma fração de milímetro a até alguns poucos centímetros, seja tal que partículas maiores tendem a permanecer na parte inferior da nuvem, enquanto as partículas menores tendem a permanecer na parte superior da nuvem de tempestade.

Todavia, a criação de cargas dentro da nuvem a partir de partículas de água e gelo tem sua origem em processos microfísicos colisionais. Essa teoria tem como base a colisão de partículas de gelo de diferentes tamanhos. Os detalhes da transferência de cargas durante as colisões, contudo, não são bem conhecidos. Em particular, não existe um consenso sobre a importância de diferentes parâmetros, como, o campo elétrico ambiente, a temperatura ambiente, entre outros, na colisão. Se durante a colisão o campo elétrico atmosférico, conhecido como campo elétrico de tempo bom, tem um papel preponderante na separação de cargas, por meio da polarização de partículas grandes (como o granizo), o processo é chamado *indutivo*. Se a temperatura no local da colisão tem um papel preponderante na separação de cargas, o processo é chamado *termoelétrico*. Muitos outros processos microfísicos podem ocorrer dentro das nuvens de tempestade, que consideram que a separação de cargas dentro da nuvem ocorre durante a mudança de estado de água para gelo ou, ainda, que depende do tamanho ou velocidade das partículas no instante da colisão.

A distribuição de cargas dentro de uma nuvem de tempestade depende dos processos descritos anteriormente. De forma simplificada, essa distribuição pode ser descrita por uma estrutura tripolar, conforme a figura 5. Basicamente há três centros principais de carga, um positivo relativamente espalhado na parte superior da nuvem e estendendo-se até próximo do topo, um negativo concentrado na forma de uma camada horizontal na região cuja temperatura está em torno de −10 graus Celsius, e um terceiro centro menor positivo próximo da base da nuvem. As alturas desses centros variam com a latitude geográfica, sendo maiores em regiões de baixas latitudes. Além desses centros, há finas camadas de cargas, formadas a partir da captura pela nuvem de íons da atmosfera, nas bordas superior e inferior da nuvem, denominadas *camadas de blindagem*.

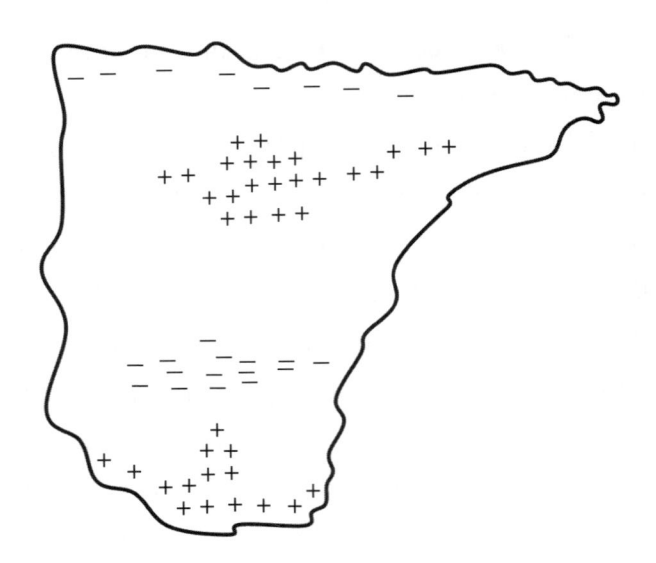

Figura 4
Estrutura elétrica de uma nuvem de tempestade.

Essas camadas atuam de modo a blindar parcialmente a região externa da nuvem dos campos internos. Medidas recentes, contudo, têm mostrado que, na realidade, a estrutura de cargas dentro das nuvens de tempestade é bem mais complexa, em geral, apresentando múltiplas camadas de cargas negativas ou positivas dispostas horizontalmente.

Dentro de uma nuvem de tempestade, o campo elétrico pode atingir valores tão intensos quanto 400 mil volts por metro. Esse campo, todavia, tem-se mostrado ser insuficiente para dar origem a um relâmpago, por meio da quebra da capacidade isolante do ar dentro da nuvem. Para isso, um campo de cerca de um milhão de volts por metro seria necessário. Diante dessa constatação, tem-se buscado quais fatores seriam responsáveis pela iniciação dos relâmpagos dentro das nuvens. Pesquisas recentes têm mostrado que raios cósmicos, partículas de alta energia que bombardeiam a Terra vindas de todas as direções de fora de nossa galáxia, são os responsáveis por criar caminhos ionizados com elétrons energéticos, que, expostos a campos da ordem de 400 mil volts por metro, dão surgimento ao relâmpago.

Nuvens de tempestade isoladas podem produzir de um a algumas centenas de relâmpagos ao longo de sua vida. Em geral, produzem de um a quatro relâmpagos para o solo por minuto e ocorrem no período da tarde.

Nuvens de tempestade em grupo, por sua vez, podem produzir milhares de relâmpagos ao longo de sua vida e centenas de relâmpagos por minuto. Nesse caso, não há um horário preferencial de ocorrência, podendo o máximo de relâmpagos ocorrer ao longo do dia ou mesmo à noite.

3

Onde ocorrem com mais frequência em nosso país?

As duas principais fontes de informação sobre a incidência de relâmpagos em nosso país são observações em satélites e observações por sistemas de detecção de descargas em superfície. As observações de satélite são provenientes de dois sensores óticos desenvolvidos pela Agência Espacial Americana (Nasa), lançados em 1995 e 1997. Esses sensores, denominados *Optical Transient Detector* (OTD) e *Lightning Imaging Sensor* (LIS), foram os primeiros a serem capazes de observar relâmpagos do espaço tanto de noite quanto de dia. O sensor OTD permaneceu no espaço fazendo observações entre 1995 e 2001, enquanto o sensor LIS permanece até hoje fazendo observações desde 1997.

Contudo, devido à absorção de parte da luz produzida pelo relâmpago pelas nuvens, essas observações não permitem distinguir entre os diferentes tipos de relâmpagos, correspondendo assim ao total de relâmpagos de todos os tipos. Na prática, considerando a frequência relativa dos diferentes tipos de relâmpagos, pode-se dizer que representam a soma dos relâmpagos dentro da nuvem com os relâmpagos da nuvem para o solo. Outra limitação das observações obtidas por esses satélites diz respeito ao período de observação. Por serem satélites com órbitas de baixa latitude e não geoestacionários, uma dada região é observada poucos minutos por dia. Esse fato limita a análise dessas observações a longos períodos de tempo, nunca inferiores a cerca de três meses, e a uma resolução espacial mínima de 25 km. Por outro lado, a grande vantagem dessas observações é a quase homogênea cobertura das observações.

O mapa 2 (ver página VIII) mostra a incidência de relâmpagos registrada pelos sensores OTD e LIS entre 1998 e 2007 no país. As principais regiões de ocorrência estão localizadas nos estados de Tocantins, Pará, Amazonas, Mato Grosso, Mato Grosso do Sul, São Paulo, Rio de Janeiro, Paraná e Rio Grande do Sul. Já as regiões de menor incidência estão localizadas nos estados de Bahia, Sergipe, Alagoas, Paraíba, Pernambuco e Rio Grande do Norte.

A outra fonte de informação existente é oriunda da Rede Brasileira de Detecção de Descargas Atmosféricas (BrasilDat). A BrasilDat é o resultado da integração de três redes de detecção de descargas regionais: a Rede Integrada Nacional de Detecção de Descargas Atmosféricas (RINDAT) – a primeira rede existente no país –, a rede do projeto Sistema de Informações Integradas baseado no Sistema de Detecção de Descargas Atmosféricas (SIDDEM) e a rede operada pelo Sistema de Proteção da Amazônia (SIPAM).

Essas redes permitem detectar os relâmpagos da nuvem para o solo e identificar precisamente a localização do seu ponto de impacto. Isso é feito mediante uma rede de sensores remotos que detectam a radiação eletromagnética emitida por relâmpagos na faixa entre 10 kHz e 300 kHz, denominada *low frequency* (LF), analisam os sinais recebidos e eliminam aqueles cujas fontes não sejam relâmpagos da nuvem para o solo. Os dados obtidos são então enviados para uma central de processamento que correlaciona as informações recebidas e calcula a localização ótima do ponto de impacto daquele evento. Além da localização, a central também pode determinar várias outras características da descarga, como seu pico de corrente, multiplicidade, polaridade, entre outras. Atualmente, a BrasilDat possui 46 sensores instalados nos estados do Rio Grande do Sul, Santa Catarina, Paraná,

São Paulo, Rio de Janeiro, Espírito Santo, Minas Gerais, Goiás, Mato Grosso do Sul, Pará, Maranhão e Tocantins.

O mapa 3 (ver página IX) mostra a localização dos sensores instalados em abril de 2008. Diferentes tipos de sensores com diferentes tecnologias estão instalados no Brasil. As observações da BrasilDat possuem cobertura contínua no tempo e na cobertura espacial parcial do país (ver mapa 4 na página X), com resolução espacial média que varia atualmente de 1 km nas regiões Sul e Sudeste a até 5 km na região Norte. Embora sua cobertura temporal e sua resolução espacial sejam bem melhores do que as obtidas por sensores em satélites, o fato de não cobrir todo o país e ter uma cobertura espacial heterogênea, devido principalmente aos diferentes tipos de sensores, faz com que as duas fontes de informações sejam complementares.

O mapa 5 (ver página XI) mostra a incidência de relâmpagos registrada pela BrasilDat entre 2005 e 2007, corrigida pelas variações na performance da rede por um modelo de eficiência de detecção da BrasilDat desenvolvido pelo ELAT. As regiões de principal incidência de relâmpagos da nuvem para o solo, dentro da área de cobertura da BrasilDat, são praticamente coincidentes com as regiões mostradas no mapa 2 (ver página VIII), que indica que a distribuição espacial de todos os relâmpagos e dos relâmpagos da nuvem para o solo são semelhantes. Contudo, diferenças entre os mapas 2 e 5 existem, devido em parte às diferenças nas distribuições espaciais dos diversos tipos de relâmpagos e em parte devido às limitações inerentes a cada tipo de informação.

Considerando a alta resolução das informações provenientes da BrasilDat, é possível obter-se a incidência de relâmpagos da nuvem para o solo por município, desde que as informações sejam corrigidas por modelos de eficiência de detecção da rede. O ELAT têm disponibilizado na internet (http://www.inpe.br) desde 2005, a cada dois anos, um *ranking* de municípios com a incidência média de relâmpagos da nuvem para o solo. A cada *ranking* disponibilizado, os dados são atualizados e o número de municípios estendido, conforme a BrasilDat passa a cobrir novas regiões. No *ranking* realizado no período de 2005 a 2007, cobrindo as regiões Sul e Sudeste, mais o estado do Mato Grosso do Sul, os municípios que estavam entre os dez primeiros lugares eram da região da Grande São Paulo e do noroeste do estado do Rio Grande do Sul. Municípios menores tendem a ser privilegiados devido ao *ranking* ser baseado no número de relâmpagos por quilômetro quadrado por ano e não no número absoluto de relâmpagos por ano. O próximo *ranking* está previsto para ser divulgado no segundo semestre de 2009.

4

Como se proteger?

Exceto pelas enchentes, relâmpagos da nuvem para o solo são a principal causa de morte por fenômenos naturais. Embora não seja conhecido com precisão, estima-se que entre 10.000 e 20.000 pessoas são vítimas de relâmpagos por ano no mundo, e esse número é menor do que o registrado algumas décadas atrás, quando o percentual de pessoas que viviam no meio rural era maior.

A chance de uma pessoa ser atingida diretamente por um raio depende de diversos fatores, entre eles a incidência de relâmpagos no local, sua situação em relação aos objetos ou estruturas que lhe cercam e o período de tempo que ela se encontra exposta a essa situação. De modo geral, no Brasil, essa probabilidade gira em torno de um para um milhão, porém se considerarmos uma pessoa oito horas por dia ao ar livre em uma região com incidência de seis raios por quilômetro quadrado por ano, valor médio para o Brasil, essa probabilidade é de cerca de um para mil, o que se pode considerar uma probabilidade alta se levarmos em conta o índice de risco aceitável pelas normas mundiais de proteção (um para cem mil).

Nos Estados Unidos, dados obtidos nas últimas três décadas indicam que, em média, cem pessoas são mortas por ano devido aos quase 35 milhões de relâmpagos que atingem o solo. Aproximadamente 35% dos casos ocorrem em regiões descampadas, como fazendas, parques ou campos de golfe, 20% embaixo de árvores e cerca de 15% próximas delas ou dentro da água. O restante dos casos ocorrem em outras situações ou lugares como quando se está falando ao telefone com fio, próximos de tratores etc. A grande maioria são homens, tipicamente com idades entre 15 e 20 anos. Presumivelmente, porque os homens são mais expostos a situações de risco. Durante uma única tempestade em março de 1993 que atingiu o sudeste dos Estados Unidos, 47 pessoas morreram no estado da Flórida num período de 48 horas.

As estatísticas sobre o número de mortes causadas por relâmpagos em outros países não são tão precisas e completas. Na China, cerca de 500 pessoas são mortas por ano; no Zimbábue, cinquenta; no Sri Lanka, cinquenta; no Japão, quarenta; na França, dez; na Alemanha, seis; na Inglaterra, três; e na Suécia, duas. Na maior parte da África, continente onde se acredita que ocorram o maior número de vítimas, não existem, contudo, números precisos.

No Brasil, o ELAT desde 2001 tem feito levantamentos estatísticos do número de mortes, por meio de acompanhamento junto à mídia e à Defesa Civil dos estados. Dados do Ministério da Saúde também foram levantados. O número de casos registrados tem variado de cinquenta a oitenta por ano. Cerca de 20% a 25% das mortes ocorrem no estado de São Paulo, em parte devido ao fato de esse estado possuir a maior população entre os estados brasileiros. O número de casos registrados, contudo, deve ser visto como um limite inferior do número real de mortes por relâmpagos no país, uma vez que muitos casos não são registrados ou não possuem causa da morte definida. Estima-se que o número médio real de mortes por relâmpagos no país seja entre oitenta e cem casos por ano. O maior número de vítimas registrado no país em um só evento é sete e ocorreu em 1923 na cidade de Santos.

Quando atingida por um relâmpago ou em contato direto com um objeto atingido por um relâmpago, a pessoa fica sujeita a uma tensão de milhões de volts, tendo morte instantânea devido ao choque elétrico e às queimaduras provocadas pela corrente elétrica que passa por ela. Todavia, esses casos são raros.

Na grande maioria das vezes, a pessoa é atingida indiretamente quando está próxima do ponto em que houve a queda do relâmpago, isto é, a distâncias inferiores a cinquenta metros. A extensão dos danos depende da intensidade da corrente, das partes do corpo afetadas, das condições físicas da vítima, e das condições específicas do incidente. Nesses casos, entre 10% e 20% das vítimas de relâmpagos morrem, a maioria por parada cardíaca e respiratória, e cerca de 70% dos sobreviventes sofrem, por um longo tempo, de sérias sequelas psicológicas e orgânicas. As sequelas mais comuns são a diminuição ou a perda de memória, a diminuição da capacidade de concentração, os distúrbios do sono, os problemas cardíacos e a paralisia muscular.

Existem diversas maneiras de uma pessoa ser atingida indiretamente. Ela pode ser atingida por uma descarga lateral que se forma próxima do solo pela corrente elétrica que circula a partir do solo devido ao potencial que se forma no solo ao redor do local da queda do relâmpago – conhecido como *potencial de passo* –, por uma diferença de potencial entre dois pontos em que ela está em contato – conhecido como *potencial de toque* – e por uma tensão induzida que provoque uma descarga conectante que saia da pessoa em direção à atmosfera mas não se conecte com o líder escalonado do relâmpago (figura 6). Ainda existe a possibilidade de a pessoa ser atingida pela onda de choque associada ao trovão que, nos casos em que o relâmpago caia muito próximo a ela (menos de cerca de dez metros), pode jogá-la sobre um objeto e causar sua morte.

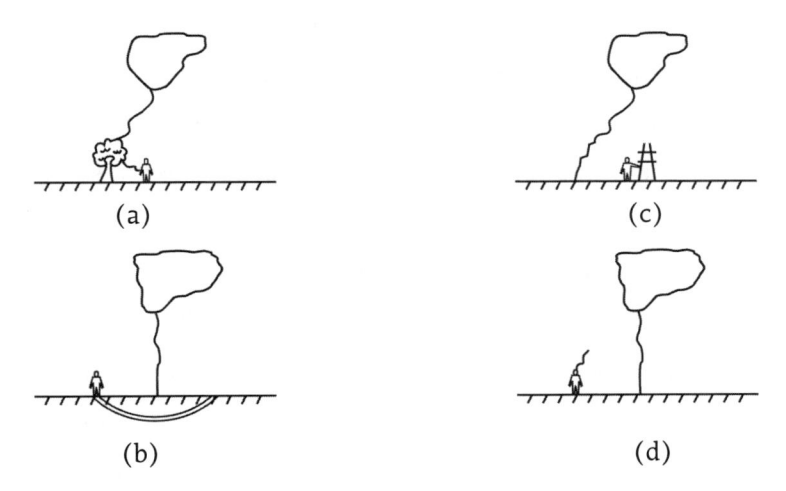

(a)

(b)

(c)

(d)

Figura 5
Modos indiretos de uma pessoa ser atingida por um relâmpago: (a) descarga lateral; (b) potencial de passo; (c) potencial de toque; (d) descarga conectante.

O choque elétrico pode causar parada cardíaca e pulmonar, levando a pessoa à morte. Entretanto, em muitos casos ela fica em um estado de morte aparente. Se for atendida em poucos minutos por ressuscitação cardio-pulmonar e respiração artificial, a pessoa poderá sobreviver. Se o coração da vítima está batendo, mas ela não está respirando, respiração artificial boca-a-boca deve ser ministrada em uma razão de dez a vinte vezes por minuto. Se o coração não está batendo, isto é, a vítima não tem pulso, movimentos firmes pressionando o peito da vítima com as mãos, em uma razão de uma vez a cada segundo ou levemente mais rápido devem ser realizados. Se a vítima não possuir batimento cardíaco e respiração, ambos os procedimentos devem ser ministrados de forma alternada. Note que não há perigo em atender a uma pessoa nessas condições, desde que as cargas elétricas não permaneçam na pessoa. Calcula-se que, anualmente, dezenas de milhares de pessoas no mundo sobrevivam após serem atingidas indiretamente por relâmpagos.

O relâmpago, em geral, atinge locais elevados como morros, montanhas, torres, antenas, mastros, árvores, ou mesmo pessoas, se elas estiverem em pé em áreas abertas como fazendas, praias, campos de futebol ou golfe, quadras de tênis e estacionamentos. Evite topos de prédios ou outros lugares altos. Se você estiver em um lugar descampado e não puder se abrigar dentro de um automóvel ou uma casa, o melhor é ficar agachado e com a cabeça entre os joelhos e esperar. Não se deite. Evite ficar descalço e procure manter os pés juntos de modo a impedir que o potencial elétrico no solo faça circular uma corrente através de suas pernas. Sapatos com sola de borracha podem ser muito importantes nessas horas. Livre-se de objetos metálicos pontiagudos, como varas de pesca, tacos de golfe, enxadas e evite ficar embaixo de árvores. Mesmo não estando em contato com a árvore, um relâmpago que caia sobre ela poderá criar descargas laterais, devido à baixa condutividade da madeira, as quais poderão atingi-lo indiretamente. A ocorrência dessas descargas laterais irá depender do tipo da árvore e do solo. Quanto maior a umidade existente no tronco da árvore (isto é, maior sua condutividade) ou mais profunda forem suas raízes, menor será a probabilidade de essas descargas ocorrerem. Afaste-se de objetos metálicos como tratores, torres, carros conversíveis, motos, cercas de arame, varais metálicos, linhas aéreas e trilhos. Evite também empinar pipas e aeromodelos com fio e andar à cavalo.

Se estiver dentro de rio, mar ou piscina, saia da água, porque, por ser boa condutora, ela faz com que a corrente do raio atinja distâncias maiores. Mesmo um raio que caia na água a alguns quilômetros de distância pode ser fatal.

A maior parte das mortes causadas por relâmpagos (mais que 90%) ocorrem em locais abertos. No Brasil, as circunstâncias mais comuns associadas às mortes são pessoas embaixo de árvores, procurando refúgio da chuva, pessoas jogando futebol, pessoas no campo segurando enxadas e pessoas dirigindo motos.

Os carros fechados, não conversíveis, podem ser considerados seguros, uma vez que a carroceria leva a descarga até o solo através do ar ou dos pneus, que não conseguem isolar a corrente elétrica. Procure não tocar em nenhuma parte metálica, nem no rádio, e mantenha as janelas fechadas. Nenhum caso de morte de uma pessoa dentro de um carro fechado foi registrada pelo ELAT desde 2001.

Dentro de casa, as pessoas estão mais seguras do que ao ar livre. Mas ainda assim existem riscos. Afaste-se das paredes, não saia à janela, evite banhos de chuveiro elétrico e conversas ao telefone, a não ser que seja sem fio. Se um relâmpago cair na antena de televisão, a corrente elétrica tende a se espalhar por todo o sistema elétrico da casa, tornando perigoso o contato com qualquer equipamento elétrico. Desligue-os da tomada. Evite tocar em torneiras, pois a corrente elétrica do relâmpago pode também se propagar ao longo dos canos de água de fora para dentro da casa.

Nas áreas urbanas, as pessoas encontram-se mais seguras devido à presença dos pararraios. Contudo, é importante atentar para o fato de que a área de atuação de um pararraios é limitada, em geral, a uma distância da ordem da altura em que ele está colocado.

Uma pessoa dentro de um avião também está protegida, pois o relâmpago tende a fluir ao longo das partes metálicas externas, não penetrando no avião e seguindo seu caminho na atmosfera. Os relâmpagos percorrem o avião seguindo do nariz rumo à cauda, ou de uma asa para a outra (figura 7). O uso de materiais não-metálicos na construção de modernos aviões deve ser investigada, devido à falta de capacidade desses materiais de blindar o interior do avião dos campos eletromagnéticos gerados pelo relâmpago. Tais campos podem afetar os componentes eletrônicos mais sensíveis do avião, causando panes parciais em seus instrumentos. Em média, aviões comerciais são atingidos por relâmpagos uma vez por ano. Na maioria das vezes, as próprias cargas geradas pelo atrito do avião com a atmosfera atuam para dar início à descarga.

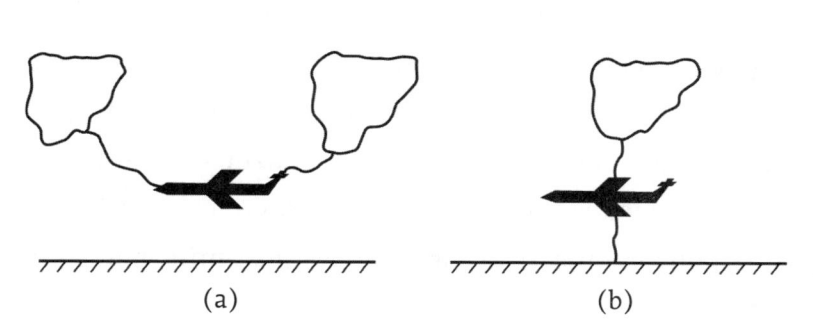

(a)   (b)

Figura 6
Trajetórias mais prováveis seguidas por um relâmpago quando atinge um avião: (a) do nariz para a cauda; (b) de uma asa para a outra.

Em um barco, contudo, a situação pode ser bem diferente. O mastro do barco é um ponto bem mais alto que sua vizinhança e, portanto, suscetível de ser atingido por um raio. Caso um raio caia em um barco, pode provocar aberturas que o levam a afundar ou mesmo causar um incêndio, destruindo-o completamente. De modo a evitar ou ao menos diminuir a probabilidade que tais acidentes ocorram, pode-se usar o mastro, caso seja metálico, como um pararraios, conectando-o a água por meio de um cabo condutor isolado da estrutura do barco. A altura do mastro deve ser de no mínimo um quarto do comprimento do barco. O cabo deve, se possível, seguir reto até uma placa metálica em contato direto com a água, conforme mostrado na figura 8. Objetos metálicos grandes, se existirem, devem ser conectados ao cabo de modo a evitar descargas laterais. Se o mastro não for metálico, isto é, for de madeira ou fibra, um fio de cobre de razoável espessura deve ser colocado ao longo de seu comprimento e ligado a um cabo conectado à água. Mesmo tomando esses cuidados, se estiver em um barco durante uma tempestade, procure se abrigar dentro da cabine, quando houver. Felizmente, os barcos são bem menos atingidos por raios do que os aviões, já que poucos raios ocorrem nos oceanos, principalmente em alto-mar.

Figura 7
Esquema de proteção utilizado em um barco, que consiste em fixar um condutor ao mastro (se metálico), levando-o diretamente em contato com a água por meio de uma placa metálica.

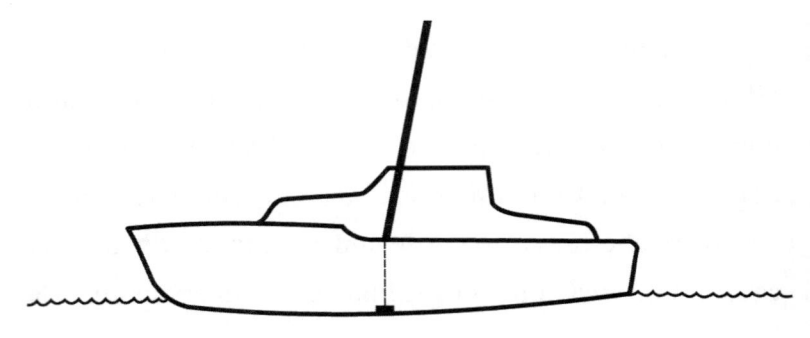

Embora os relâmpagos tendam a ocorrer durante períodos de fortes chuvas, eles também podem ocorrer antes ou mesmo depois desse período. Pesquisas têm mostrado que a maioria das mortes provocadas por raios tende a ocorrer no período final da vida das nuvens de tempestade, após o término da chuva, quando as pessoas aparentemente acreditam que não irá ocorrer mais relâmpagos e deixam de se proteger. Recomenda-se que as pessoas esperem até trinta minutos após ouvirem o último trovão para poderem sair com segurança e ir a lugares abertos.

Os animais também morrem em decorrência de relâmpagos. Acredita-se que dezenas de milhares de animais morrem anualmente atingidos indiretamente por relâmpagos. Um dos maiores casos registrados ocorreu em 22 de junho de 1918 no estado de Utah, Estados Unidos, quando 504 ovelhas foram mortas por um só raio. É comum os animais serem atingidos próximos de árvores ou cercas de arame durante tempestades. A morte é, em geral, causada pelas correntes que circulam através de suas patas, devido à diferença de potencial induzida no solo, conhecida como *potencial de passo*. A situação é agravada pelo fato de que as patas dos animais estabelecem um bom contato com o solo, principalmente quando úmido. No Brasil, acredita-se que algumas centenas de cabeças de gado são mortas por ano atingidas por relâmpagos.

5

Como evitar prejuízos?

Além da perda de vidas, relâmpagos causam prejuízos materiais da ordem de centenas de bilhões de reais por ano no mundo, causando danos nas redes de distribuição e transmissão de energia elétrica, em equipamentos industriais e residenciais, causando incêndios em florestas, residências, refinarias ou reservatórios de petróleo, além de provocar acidentes na aviação e na indústria espacial. No Brasil, os prejuízos causados por relâmpagos atingem um bilhão de reais, enquanto nos Estados Unidos o prejuízo é da ordem de dez bilhões de reais.

O setor elétrico é o mais atingido no país, com prejuízos por volta de 600 milhões de reais ao ano, cerca de 1% do faturamento do setor. Danos às redes de transmissão geralmente são provocados pela incidência direta do relâmpago sobre a rede, enquanto nas redes de distribuição de energia elétrica eles podem ser provocados tanto por descargas diretas na rede como pelas sobretensões induzidas nas redes quando o relâmpago cai próximo a ela. A descarga direta corresponde a uma injeção de corrente na linha, ao passo que a descarga indireta provoca sobretensões induzidas pelo campo eletromagnético associado ao raio. Os prejuízos às redes de distribuição dependem, em geral, da amplitude, duração e frequência de ocorrência dessas sobretensões. Como decorrência dos relâmpagos, equipamentos e componentes da rede podem ser danificados causando desligamentos não programados. De um a dois terços dos desligamentos em linhas de transmissão e distribuição são devidos a relâmpagos. Porém, os prejuízos no setor elétrico não se restringem à queima de equipamentos, estendendo-se a perda de faturamento, multas e perdas relativas à sua imagem junto ao consumidor e ao mercado.

As sobretensões geradas pelos relâmpagos na rede elétrica também causam prejuízos à indústria e aos consumidores residenciais de energia elétrica com a queima de equipamentos, a interrupção de processos produtivos e a perda de dados. Mudanças recentes na legislação brasileira, bem como em normas técnicas, impulsionadas pela maior sensibilidade dos modernos equipamentos eletroeletrônicos, à base de dispositivos semicondutores (em vez dos antigos equipamentos eletromecânicos), estabelecem disposições relativas ao ressarcimento pelas empresas de energia elétrica de danos causados por perturbações no sistema elétrico. Pedidos de ressarcimento às empresas de energia elétrica têm aumentado consideravelmente nos últimos anos. Estima-se um prejuízo de cerca de cem milhões de reais ao ano com a queima de equipamentos nas indústrias e residências. Para minimizar tais prejuízos recomenda-se desconectar os equipamentos da rede elétrica durante as tempestades. Outra opção é utilizar dispositivos denominados *dispositivos de proteção contra sobretensões*, conhecidos pela sigla DPS. Existem diversos tipos de DPS, entre eles, centelhadores a ar, centelhadores a gás, varistores e diodos zener. Em várias aplicações é necessário o uso combinado de mais de um tipo de supressor, formando um circuito de proteção.

Estima-se que no mundo ocorram mais de 100.000 incêndios por ano produzidos por relâmpagos. Nos Estados Unidos estima-se que ocorram cerca de 30.000 incêndios por ano provocados por raios, com danos materiais a propriedades de cerca de 200 milhões de dólares. No Brasil, estima-se que ocorram algo em torno de mil de incêndios por ano. Em geral, as dimensões das áreas queimadas, contudo, são inferiores àquelas nos Estados Unidos. Até 2008, não existem estimativas no Brasil dos prejuízos provocados por incêndios causados por raios.

No Brasil, incêndios em residências são raros. A probabilidade de uma casa ser atingida por um raio é pequena. Suponha, por exemplo, uma casa situada em um local cuja densidade de raios é em torno de seis raios por quilômetro quadrado por ano, valor médio no país. Se considerarmos que a casa tenha 200 metros quadrados de área e que se um relâmpago ocorrer a uma distância menor ou igual a dez metros da casa, ele irá se dirigir a ela; temos então que essa casa será atingida 0,006 vezes por ano, ou seja, será atingida uma vez a cada 166 anos, o que representa um risco muito pequeno. Considerando que, em geral, ao redor das casas existam outros pontos mais altos e vulneráveis aos relâmpagos, a probabilidade real seria ainda menor. Contudo, se um raio atinge a rede elétrica próxima de uma casa, as voltagens induzidas na rede elétrica são altas o suficiente para causar danos ao sistema elétrico da casa e, até mesmo, provocar faíscas a partir das tomadas. Tais faíscas são capazes de dar início a um incêndio que poderá levar à destruição completa da casa.

No caso de prédios, embora a probabilidade de serem atingidos seja maior do que uma casa, o uso de pararraios evita que incêndios ocorram. O pararraios é uma haste condutora colocada na parte mais alta do local que se quer proteger, tendo na sua ponta um material metálico de altíssima resistência ao calor, denominado *captor*. O captor pode ser de latão, bronze, ferro ou aço inoxidável e possui várias pontas para distribuir o impacto da descarga elétrica. A haste tem forma pontiaguda de modo a intensificar na sua extremidade o campo elétrico produzido pelas cargas contidas dentro da nuvem, fazendo com que a resistência elétrica do ar seja rompida nesse ponto e, com isso, facilitando a queda do relâmpago sobre ela. A outra ponta da haste é ligada por cabos condutores metálicos a barras também metálicas enterradas no solo, formando um sistema de aterramento. O propósito do pararraios é iniciar uma descarga conectante sempre que um raio se aproximar algumas dezenas de metros dele, criando um caminho de baixa resistência de tal modo que o relâmpago vindo da nuvem percorra esse caminho escoando em direção ao solo. No solo, o sistema de aterramento deve ser tal que o potencial ao longo do sistema não atinja valores elevados de modo a evitar a ocorrência de descargas laterais. Esse método de proteção é conhecido como *método de Franklin* – em 1755, Benjamin Franklin foi o primeiro a utilizar esse tipo de pararraios. No Brasil, pararraios do tipo Franklin estão instalados na maioria dos prédios residenciais e comerciais, e sua instalação está sujeita às normas de proteção de estruturas contra descargas atmosféricas (NBR 5419) publicada pela Associação Brasileira de Normas Técnicas (ABNT). Nos mastros de navios também são instalados pararraios do tipo Franklin.

A região de proteção de um pararraios do tipo Franklin é definida em termos da eficiência do pararraios de captar e conduzir o relâmpago ao solo. Entende-se por região de proteção aquela região em que a estrutura da edificação estaria protegida e não os equipamentos elétricos dentro dessa estrutura. Considerando a grande variabilidade das características dos relâmpagos, um pararraios nunca pode ser considerado totalmente seguro. De forma aproximada, pode-se dizer que um pararraios protege com eficiência de 90% uma região circular definida tomando-se, a partir da extremidade da haste, linhas formando um ângulo de 45 graus com a haste. Essas linhas no solo delimitarão um círculo cujo raio é igual à altura da haste (figura 9). Também está indicado nessa figura o raio equivalente a uma eficiência de proteção de 98% (correspondente a um ângulo de 25°). Os valores de eficiência citados anteriormente são válidos para alturas da extremidade da haste inferiores a vinte metros. Para alturas maiores, a eficiência diminui, e acima de trinta metros outros métodos de proteção devem ser utilizados.

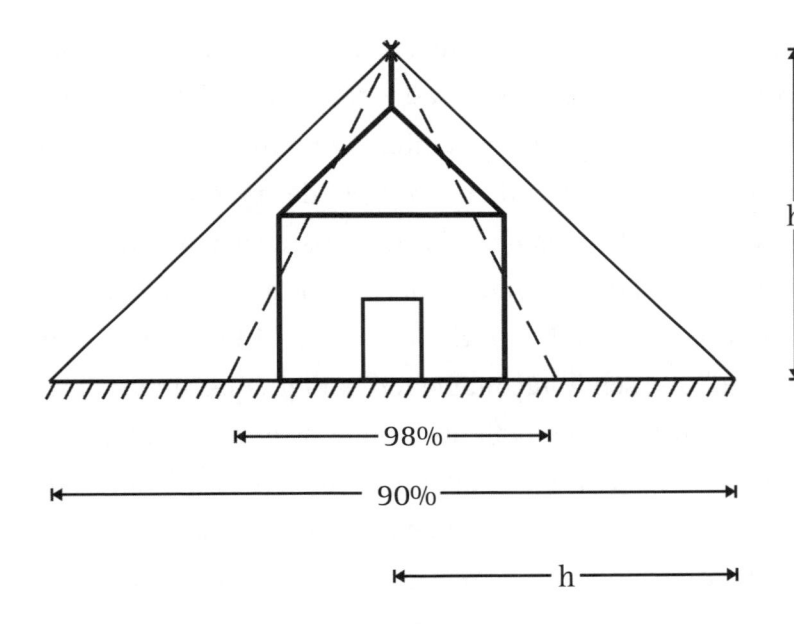

Figura 8
Regiões onde um pararraios do tipo Franklin tem uma eficiência de proteção de 90% a 98%, correspondentes, respectivamente, a ângulos de 45 graus (linha cheia) e 25 graus (linha pontilhada) a partir de sua extremidade.

A zona de proteção definida na figura 9 é conhecida como *teoria do cone de proteção*. Tem-se mostrado que o raio do cone de proteção no solo depende do nível de proteção esperado, bem como da altura da estrutura. Para estruturas com alturas superiores a vinte metros, essa teoria não é aplicável. Nesses casos, aplica-se a teoria conhecida como *teoria da esfera rolante*, que é baseada no conceito de distância de atração – a distância entre a ponta do líder escalonado e o ponto de queda do relâmpago no solo no instante da quebra de rigidez dielétrica do ar próximo do solo. A zona de proteção calculada por essa teoria é, em geral, menor que a obtida pela *teoria do cone de proteção*. Para estruturas com alturas superiores a sessenta metros, outro tipo de sistema de proteção que utiliza condutores horizontais conectando os terminais aéreos de modo a formar uma gaiola é recomendado. Esse sistema é baseado no método conhecido como *gaiola de Faraday* – homenagem ao físico inglês Michael Faraday (1791-1867) que o inventou –, sendo recomendado para prédios industriais, ou construções equivalentes, onde os danos produzidos por raios podem ser de maiores proporções. Ele consiste em criar uma estrutura de metal similar a uma gaiola, que atua como uma blindagem contra os raios, protegendo o que estiver em seu interior. É por esse princípio, por exemplo, que uma pessoa no interior de um carro ou de um avião fica protegida.

Outro aspecto importante é quanto à manutenção dos pararraios. A falta de uma manutenção adequada dos pararraios pode fazer com que eles não funcionem da forma esperada. Um dos principais problemas é a corrosão das barras metálicas enterradas no solo. Dependendo do tipo de solo, a manutenção deve ser feita regularmente em períodos que variam de seis meses a até dois anos. Também se deve considerar a frequência de relâmpagos para o solo no local de instalação. Em locais com maior incidência de relâmpagos deve-se realizar uma manutenção mais frequente.

Acidentes com aviões de grande porte devido a relâmpagos são raros. O pior deles ocorreu em 1963 nos Estados Unidos quando um relâmpago atingiu o tanque de combustível de um Boeing 707, causando a explosão do tanque e a queda do avião, com a morte de 81 pessoas. No final da década de 1960, as indústrias do setor modificaram o sistema de combustível dos aviões, praticamente eliminando o risco de tais acidentes. A partir daí, os relâmpagos têm produzido apenas danos parciais na fuselagem do avião e nas antenas, fazendo com que ele permaneça em solo para a manutenção, o que implica prejuízos às empresas de aviação. Tais perdas, contudo, são difíceis de serem estimadas. Por outro lado, os sistemas eletrônicos dos aviões costumam ser blindados de modo a minimizar possíveis interferências causadas pelas radiações produzidas por um relâmpago, principalmente durante as descargas de retorno. No mundo, atualmente aviões de grande porte são atingidos por um relâmpago em média por ano. Informações sobre acidentes e prejuízos causados por relâmpagos a aviões de pequeno porte são escassas. As poucas evidências existentes, contudo, apontam que, nesses casos, os acidentes são mais comuns.

Acidentes com relâmpagos no setor aeroespacial são raros. No passado, o caso mais conhecido ocorreu em 1969, quando a Apolo 12 foi atingida por dois relâmpagos logo após seu lançamento. Os relâmpagos aparentemente foram gerados pela passagem da nave pelas nuvens. Felizmente, não houve danos sérios e a nave seguiu sua jornada rumo à Lua. No Brasil, não existem registros de acidentes, Contudo, caso lançamentos venham a ser realizados com mais frequência a partir da base de Alcântara, no Maranhão, acidentes desse tipo podem vir a ocorrer se os sistemas de monitoramento adequados não forem utilizados.

6
Como seria o nosso planeta sem eles?

Quando um relâmpago ocorre na atmosfera devido à sua grande intensidade, ele é capaz de, literalmente, quebrar as moléculas do ar dentro do canal da descarga. Os átomos resultantes podem ser incorporados a outras moléculas ou agruparem-se formando novas moléculas, com isso alterando a química da atmosfera na região em torno do canal.

Relâmpagos, provavelmente, estavam presentes durante o surgimento da vida na Terra e podem ter participado da geração das moléculas que deram origem à vida. Há cerca de três bilhões de anos, a atmosfera da Terra era bem mais quente e continha grande quantidade de moléculas de diversos gases, como amônia, metano e hidrogênio. Nessa atmosfera, as tempestades provavelmente eram muito mais carregadas eletricamente do que as tempestades de hoje e, em consequência, havia relâmpagos em maior quantidade e com maior intensidade que os relâmpagos de hoje, em uma situação similar a que hoje existe em Júpiter e Saturno.

Evidências indicam que os relâmpagos, ao ocorrerem nessa atmosfera e quebrarem as moléculas então existentes, podem ter dado origem aos primeiros compostos denominados *aminoácidos*, que teriam ocorrido nesses estágios iniciais da evolução da atmosfera terrestre. Tais aminoácidos, que teriam se formado a partir da quebra pelos relâmpagos de moléculas de amônia, metano, hidrogênio e vapor d'água abundantes naqueles tempos, são estruturas básicas para a constituição de todas as proteínas, indispensáveis a todas as formas de vida em nosso planeta. Experimentos em laboratório, utilizando descargas induzidas em uma mistura de amônia, metano, hidrogênio e vapor d'água, indicam que tal processo é em princípio possível, embora haja muitas incertezas em relação às condições durante os estágios iniciais da evolução da atmosfera terrestre.

Atualmente, a atmosfera da Terra consiste basicamente de nitrogênio e oxigênio, somado a pequenas quantidades de dióxido de carbono e de elementos raros. Ao ocorrerem, os relâmpagos, por meio da quebra das moléculas do nitrogênio e do oxigênio, criam átomos desses elementos. A união de átomos de nitrogênio com átomos de oxigênio produz o óxido de nitrogênio (NO). O óxido de nitrogênio é então levado ao solo pelas chuvas, fertilizando-o. Cada relâmpago produz algo em torno de um quilograma de NO. Cerca de cem milhões de toneladas de óxidos de nitrogênio, em grande parte convertidos em ácidos nítricos, são levados ao solo anualmente dessa forma. No solo, eles são absorvidos pelas raízes das plantas, onde são assimilados para formarem grãos e frutas que irão servir de alimento para o homem e para os animais. Óxidos de nitrogênio e outros elementos contendo nitrogênio também são formados a partir do metabolismo de organismos no solo e na água, e por processos industriais, os chamados *fertilizantes industriais*. Estimativas da produção de óxidos de nitrogênio por relâmpagos em comparação com os outros processos mencionados anteriormente são bastante controversas, variando de 10% a 20% do total. Portanto, apesar de não ser a principal fonte, a produção de óxido de nitrogênio por relâmpagos é significativa em termos globais, principalmente em regiões tropicais como o Brasil, com consequências significativas para a agricultura. Diferentemente, no passado remoto de nosso planeta, a produção de óxidos de nitrogênio por relâmpagos pode ter sido preponderante sobre os outros processos, devido ao menor número de formas de vida então presentes.

Durante a permanência na atmosfera, por outro lado, o óxido de nitrogênio produzido pelos relâmpagos pode alterar a concentração de ozônio por meio de reações químicas. A concentração de ozônio é importante para a vida, uma vez que ela atua como um escudo natural à radiação ultravioleta do Sol, fazendo com que apenas parte dela atinja o solo. Tal radiação em níveis elevados pode ser prejudicial à saúde, podendo causar entre outras coisas câncer de pele. A concentração de ozônio também é importante no equilíbrio radioativo na atmosfera, processo responsável por manter a temperatura do planeta estável. Estimativas da contribuição dos relâmpagos à concentração total de ozônio na atmosfera parecem indicar que estas devem ser pequenas em nível global, porém podem ser significativas em regiões tropicais, como o Brasil.

Os relâmpagos podem também atuar indiretamente sobre a química da atmosfera e do solo por meio dos incêndios que eles provocam. Durante os incêndios, enormes quantidades de gás carbônico e outros gases são transportados do solo para cima. Não se sabe ao certo qual a influência desse processo sobre a química da atmosfera. Os incêndios produzidos por relâmpagos podem também produzir uma reciclagem dos nutrientes do solo, favorecendo a perpetuação de determinadas espécies vegetais e animais.

Outro aspecto que deve ser considerado é o papel dos relâmpagos na estrutura elétrica da atmosfera. A Terra, nosso planeta, é um corpo condutor carregado eletricamente com um excesso de cargas negativas, em torno de 0,001 coulombs por quilômetro quadrado. A atmosfera, por sua vez, não é um isolante perfeito. Como consequência, existe uma corrente elétrica que flui pela atmosfera formando um circuito elétrico denominado *circuito elétrico global* (figura 10). Esse circuito é formado pela superfície da Terra, pela ionosfera – região em torno de 100 km onde a radiação solar produz uma grande quantidade de íons, pela região da atmosfera acima e abaixo das nuvens de tempestade e pela região da atmosfera sem nuvens de tempestade, conhecida como *região de tempo bom*. Uma corrente elétrica percorre esse circuito, produzindo uma diferença de potencial de aproximadamente 300.000 volts entre a ionosfera e a superfície. Na superfície, esse potencial produz um campo elétrico em torno de 100 volts por metro (campo elétrico de tempo bom). As nuvens de tempestade, por meio do campo elétrico produzido pelas cargas contidas no seu interior, atuam como os principais geradores dessa corrente. Caso não existissem as nuvens, essa diferença de potencial seria cancelada em cerca de sete minutos. Cada nuvem contribui com uma corrente em torno de um ampère que flui do seu topo em direção à ionosfera. Considerando-se que existam cerca de 2.000 tempestades a cada instante, têm-se uma corrente total de 2.000 ampères em direção à ionosfera. Essa corrente irá dissipar-se ao longo das regiões de tempo bom, produzindo uma densidade de corrente de aproximadamente 1 picoampère por metro quadrado (1 picoampère equivale a 0,000000000001 ampères).

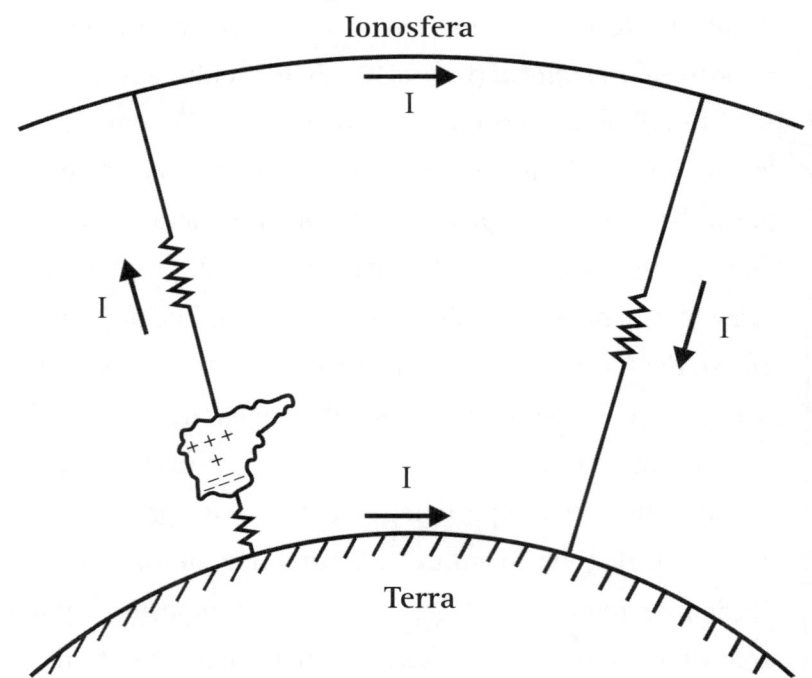

Figura 9
Circuito elétrico global.

Os relâmpagos também são responsáveis por uma parte da corrente que flui ao longo do circuito. Na região abaixo das nuvens, como a maioria dos relâmpagos da nuvem para o solo são negativos, eles ajudam a manter nosso planeta carregado negativamente. Dentro das nuvens, a corrente associada aos relâmpagos opõe-se à corrente convectiva produzida pelos ventos verticais, estabelecendo um equilíbrio na intensidade dos geradores do circuito. Portanto, os relâmpagos fazem parte do equilíbrio do circuito elétrico global. Contudo, não se sabe quais são as consequências desse equilíbrio para a natureza.

Em resumo, apesar de não conhecermos com precisão quais são as consequências à natureza devido à existência dos relâmpagos, tudo nos indica que não devamos prescindir deles. Relâmpagos existem em nosso planeta desde os tempos remotos, como parte de um complexo processo que conhecemos pelo nome de natureza. Quanto mais os estudamos, mais compreendemos seu papel neste sensível equilíbrio que gerou e mantém a vida em nosso planeta.

Finalmente, é importante lembrar que relâmpagos não ocorrem somente em nosso planeta. Em 1979, a nave americana Voyager 2 encontrou evidências de que eles também ocorrem em Júpiter. Desde então, têm-se encontrado evidências de sua existência em Urano, Netuno e, mais recentemente, em Vênus. Mesmo em Marte acredita-se que possam haver relâmpagos durante as intensas tempestades de areia que ocorrem naquele planeta. Também se acredita que possam haver relâmpagos em Io, o satélite mais interno de Júpiter, em associação com os vulcões ativos que lá existem, e em Titã, o maior satélite de Saturno. Talvez o estudo dos relâmpagos nas atmosferas radicalmente diferentes desses planetas possa ajudar-nos a compreender melhor as consequências de sua existência em nosso planeta.

7
Como serão no futuro?

Atualmente, existe uma grande preocupação das pessoas quanto às mudanças climáticas decorrentes do aquecimento global de nosso planeta. Registros feitos ao longo dos últimos 140 anos mostram um aumento médio da temperatura global do planeta de cerca de 0,8 grau, enquanto nos últimos cinquenta anos o aumento foi de 0,5 grau, indicando uma tendência de intensificação desse aumento (ver figura 11). Para os próximos cem anos, apesar das incertezas envolvidas nos atuais modelos climáticos, principalmente para períodos superiores há algumas décadas, estima-se um aumento médio na temperatura de 1,5 a 6 graus, confirmando essa tendência de intensificação.

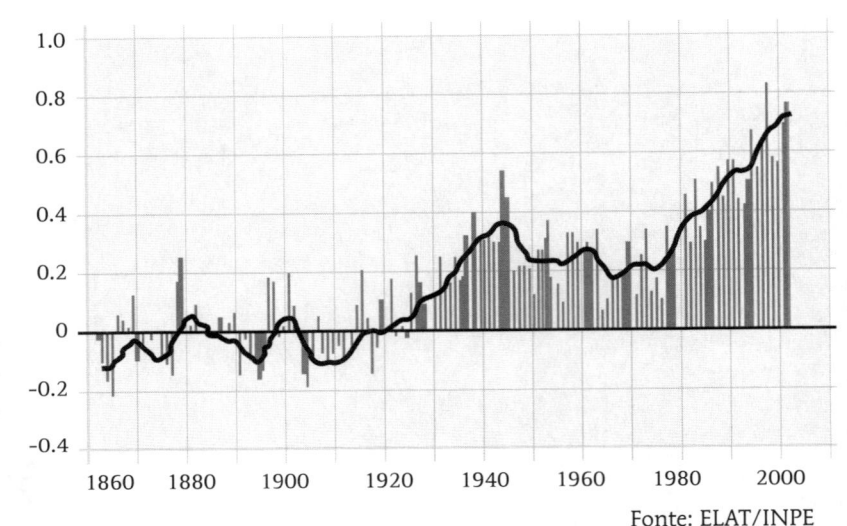

Gráfico 2
Variação em graus Celsius da temperatura global nos últimos 140 anos em relação ao valor médio.

Fonte: ELAT/INPE

Embora haja controvérsia sobre a causa principal desse aquecimento, a maior parte da comunidade científica o atribui à influência da atividade humana. Em decorrência disso, em grande parte atividades voltadas para a geração de energia elétrica pela queima de combustíveis fósseis, como o carvão mineral, estariam sendo lançadas para a atmosfera enormes quantidades de gases, entre eles o gás carbônico, o metano e o óxido nitroso, que atuariam de modo a intensificar o bloqueio da saída para o espaço da radiação infravermelha (calor) emitida pelos corpos na superfície. Como esses gases não impedem a passagem da radiação solar rumo ao solo, teríamos em consequência um aumento da temperatura na superfície da Terra. Esse processo, conhecido como *efeito estufa*, é ilustrado na figura 12 (ver página XII).

O efeito estufa é fundamental para tornar a Terra um ambiente apropriado à vida. A camada de ar ao redor do globo não apenas prende o calor – de outro modo escaparia para o espaço –, mas também o distribui fazendo com que as diferenças de temperatura entre o dia e a noite e entre o equador e os polos não sejam tão grandes. Contudo, um aumento da temperatura na superfície da Terra, mesmo de uns poucos graus, poderia ter dramáticas consequências para o homem. Por exemplo, poderia levar a uma diminuição significativa das geleiras nas calotas polares, o que implicaria em um aumento do nível dos oceanos, provocando verdadeiras catástrofes para as cidades situadas ao nível do mar. Outras possibilidades seriam ocorrer grandes enchentes associadas ao aumento da frequência e da intensidade dos furações, tornados e tempestades.

Mas qual seria o efeito do aquecimento global sobre a incidência de relâmpagos? Relâmpagos são bastante sensíveis à temperatura, tendendo a ocorrer com mais frequência em associação com temperaturas mais elevadas. Em decorrência desse fato, costumam ser mais frequentes no meio da tarde, no verão e na região tropical. Portanto, um aumento de temperatura do planeta tende, em princípio, a ser acompanhado por um aumento na incidência de raios. Contudo, uma estimativa quantitativa desse aumento é bastante complexa, uma vez que a elevação de temperatura não é homogênea no planeta, tendendo a ser maior em médias e em altas latitudes no hemisfério norte. Essa não homogeneidade tende a causar mudanças nos padrões de circulação da atmosfera com consequências imprevisíveis. Além disso, também não se conhece bem de que modo o aumento de temperatura vai ser sentido em diferentes alturas da atmosfera, o que pode ter implicações diretas sobre o nível de instabilidade responsável pela formação de tempestades e, ultimamente, de ocorrência de relâmpagos.

Estimativas para o aumento global da incidência de relâmpagos nas últimas décadas, com base em observações de relâmpagos por satélites, do número de dias de tempestade, da quantidade de vapor d'água na alta atmosfera e da intensidade da radiação eletromagnética na faixa da ressonância de Schumann (poucos hertz) ou, ainda, por meio de modelos climáticos, têm em geral indicado valores que variam de 10% a 30% por grau.

Estimativas do aumento da incidência regional de relâmpagos devido ao aquecimento do planeta são ainda mais difíceis de serem obtidas, pois tal aumento está sujeito às mudanças provocadas por esse aquecimento na frequência e na intensidade de fenômenos climáticos, como o El Niño e a La Niña, que são fenômenos relacionados à temperatura superficial das águas no oceano Pacífico equatorial e sua interação com os ventos equatoriais. O fenômeno El Niño é caracterizado por períodos nos quais as águas do oceano Pacífico oriental estão mais quentes que a média, e o La Niña, por períodos nos quais as águas estão mais frias. Esses períodos duram de um a dois anos e se alternam aleatoriamente em períodos de três a sete anos. Caracterizando períodos de El Niño como aqueles em que a temperatura das águas do oceano Pacífico oriental está ao menos dois graus acima da média e períodos de La Niña como aqueles em que a temperatura está ao menos dois graus abaixo da média, tem-se que nos últimos cinquenta anos 40% do tempo corresponde a períodos de El Niño e 30% a períodos de La Niña, constituindo-se o que é conhecido como *oscilação sul*. Alterando o fluxo de vapor d'água da superfície do oceano para a atmosfera, esses fenômenos provocam mudanças na circulação global dos ventos e nas temperaturas, afetando a ocorrência de tempestades em uma dada região.

Em particular, esses fenômenos podem afetar a localização e a intensidade da corrente de jato, uma intensa corrente de ar com largura de várias dezenas a algumas centenas de quilômetros que se forma em médias latitudes, entre cerca de 8 km e 12 km de altitude, afetando, com isso, a ocorrência de tempestades em regiões tropicais. Contudo, como esses fenômenos alteram de forma diferente as condições meteorológicas em diversas regiões, o efeito sobre os relâmpagos também vai depender da região considerada. No Brasil, evidências recentes obtidas por satélite e pela rede BrasilDat têm mostrado que, de modo geral, o El Niño tende a produzir um aumento da incidência de raios no sul do país e uma diminuição nas outras regiões, enquanto o La Niña tende a produzir efeitos opostos. Atualmente não existem informações suficientes a respeito das mudanças desses fenômenos em resposta ao aquecimento global.

Outro aspecto bastante relevante na análise das mudanças regionais na incidência de relâmpagos diz respeito aos centros urbanos. À medida que as cidades crescem formando grandes centros urbanos, a atmosfera sobre elas passa a ser cada vez mais afetada. O aumento no número de prédios, a substituição da vegetação por asfalto e a poluição tendem a produzir um aumento local de temperatura, conhecido como *ilha de calor*, afetando a instabilidade da atmosfera e a formação de tempestades. Além disso, a poluição altera as características da atmosfera com impactos sobre a microfísica da formação de partículas de gelo nas tempestades. Tais efeitos tendem a produzir um aumento na incidência de relâmpagos. A figura 13 mostra resultados de uma pesquisa recente do ELAT da evolução do número médio de relâmpagos da nuvem para o solo, por décadas, em função do aumento de temperatura na cidade de São Paulo nos últimos cinquenta anos.

Com base nessa figura, pode-se estimar um aumento de 30% na incidência de relâmpagos na cidade de São Paulo para cada grau de aumento na temperatura. Resultado semelhante foi obtido pelo ELAT para o Vale do Paraíba, por meio de um modelo empírico que leva em conta o aumento de temperatura esperado devido ao aquecimento global, somado ao crescimento dos centros urbanos.

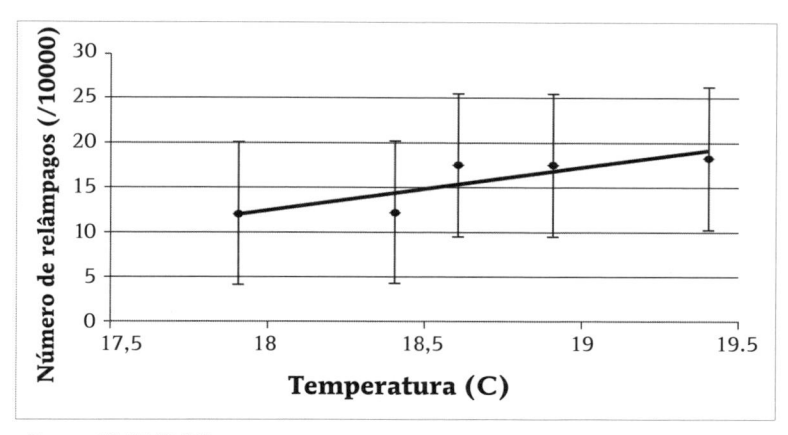

Gráfico 3
Aumento no número de relâmpagos da nuvem para o solo, por décadas, na cidade de São Paulo em função do aumento de temperatura nos últimos cinquenta anos.

Fonte: ELAT/INPE

Os mapas 6a e 6b (ver páginas XIII e XIV) mostram a atual incidência por ano de relâmpagos da nuvem para o solo por quilômetro quadrado no Vale do Paraíba, no estado de São Paulo, e a projeção dessa incidência para daqui a 25 anos, indicando um aumento médio de cerca de 30%. Aumentos da incidência de relâmpagos da ordem de 30% por grau também têm sido estimados a partir de modelos climáticos globais.

Caderno de imagens

Introdução

Fotografia A

Fotografia B
Fotografias de diferentes tipos de relâmpagos tiradas pelos autores:
(A) da nuvem para o solo; (B) dentro da nuvem.

Capítulo 1 – O que são?

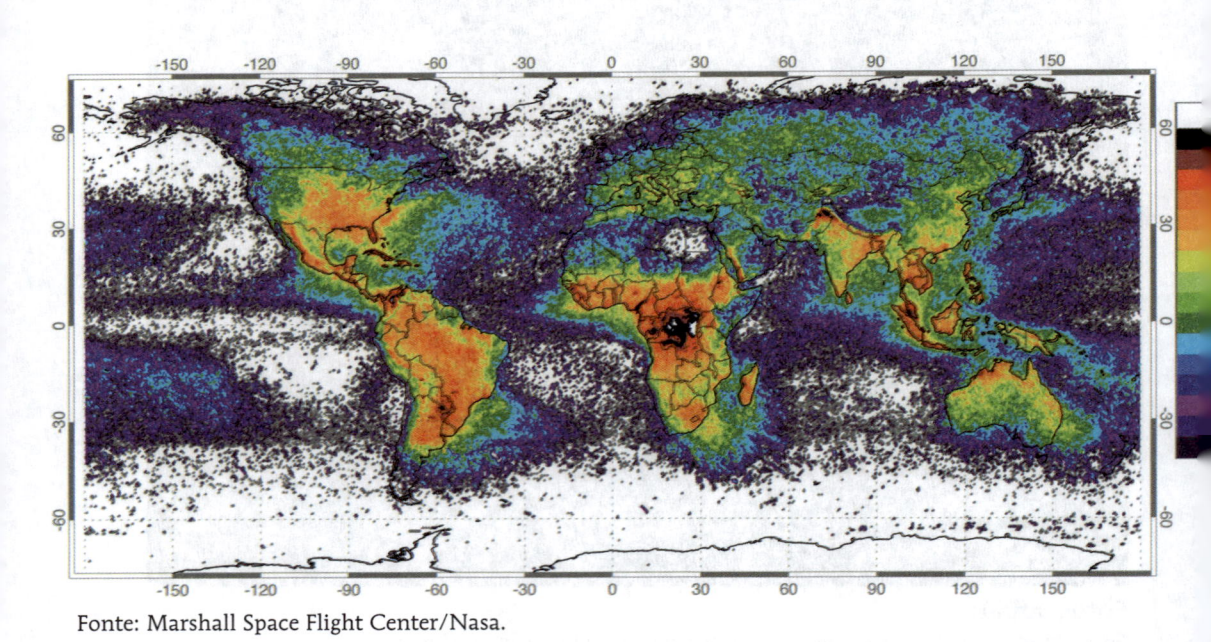

Fonte: Marshall Space Flight Center/Nasa.

Mapa 1

Número médio de relâmpagos por quilômetro quadrado por ano no mundo.

Capítulo 2 – Como se originam?

Fotografia C
Nuvens cúmulos (fotografia tirada pelos autores).

Fotografia D
Nuvem cúmulo-congesto (fotografia tirada pelos autores).

Fotografia E
Nuvem cúmulo-nimbo no estágio maduro (fotografia tirada pelos autores).

Capítulo 3 – Onde ocorrem com mais frequência em nosso país?

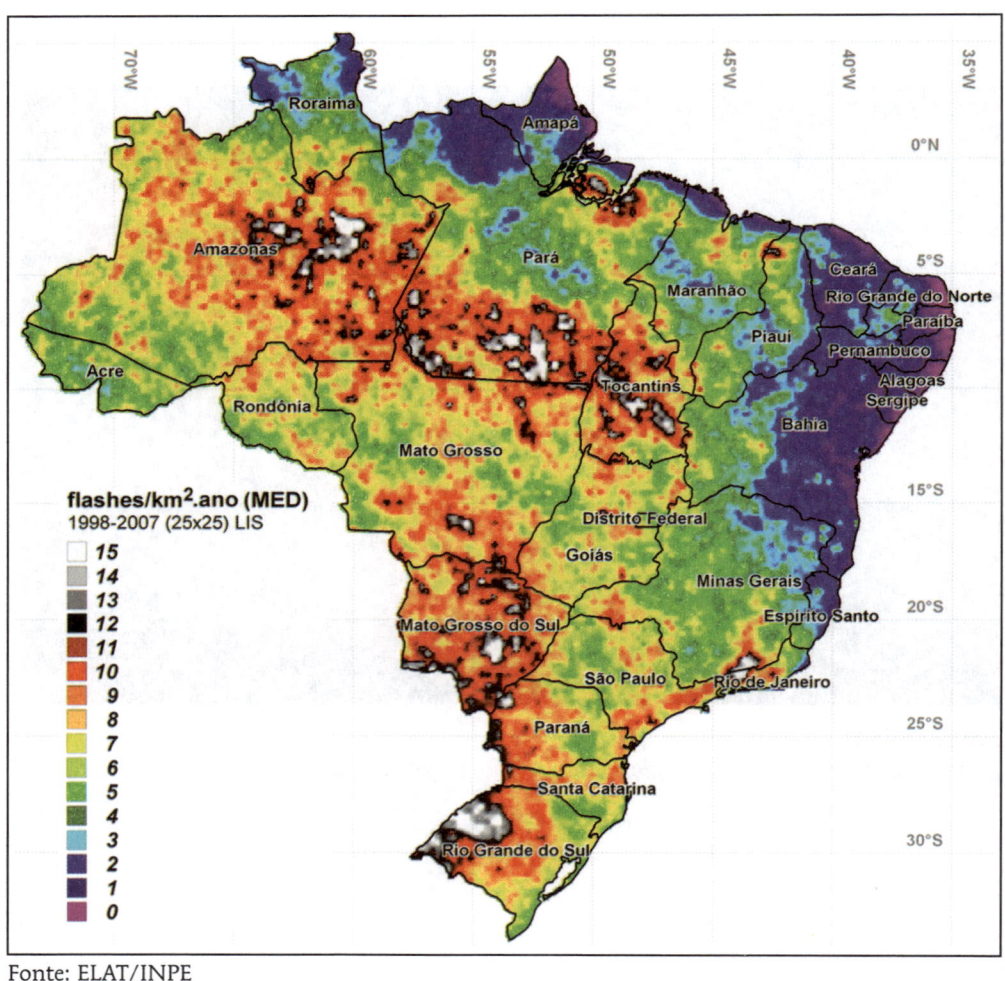

Fonte: ELAT/INPE

Mapa 2

Número médio de relâmpagos por quilômetro quadrado por ano no Brasil com base em dados de satélites entre 1998 e 2007.

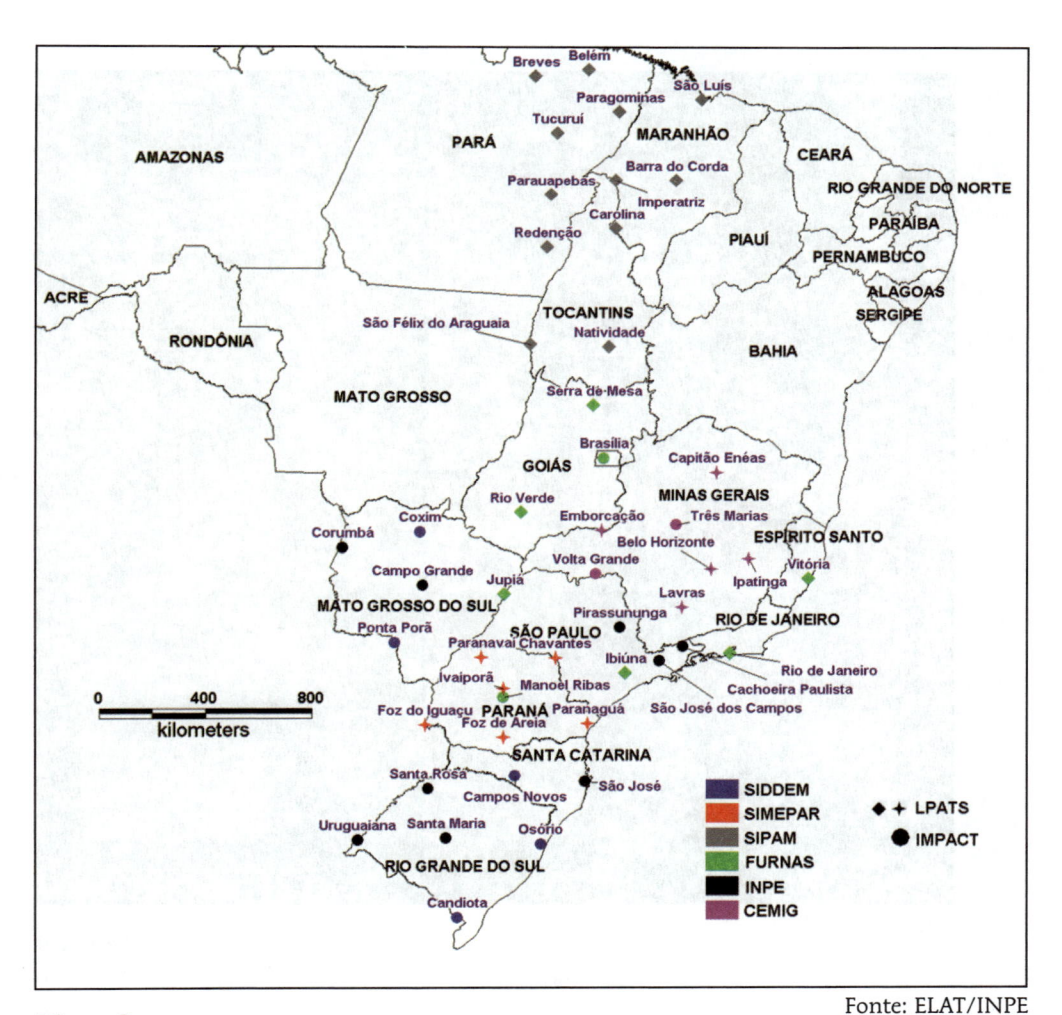

Fonte: ELAT/INPE

Mapa 3
Localizações dos sensores da BrasilDat em abril de 2008.

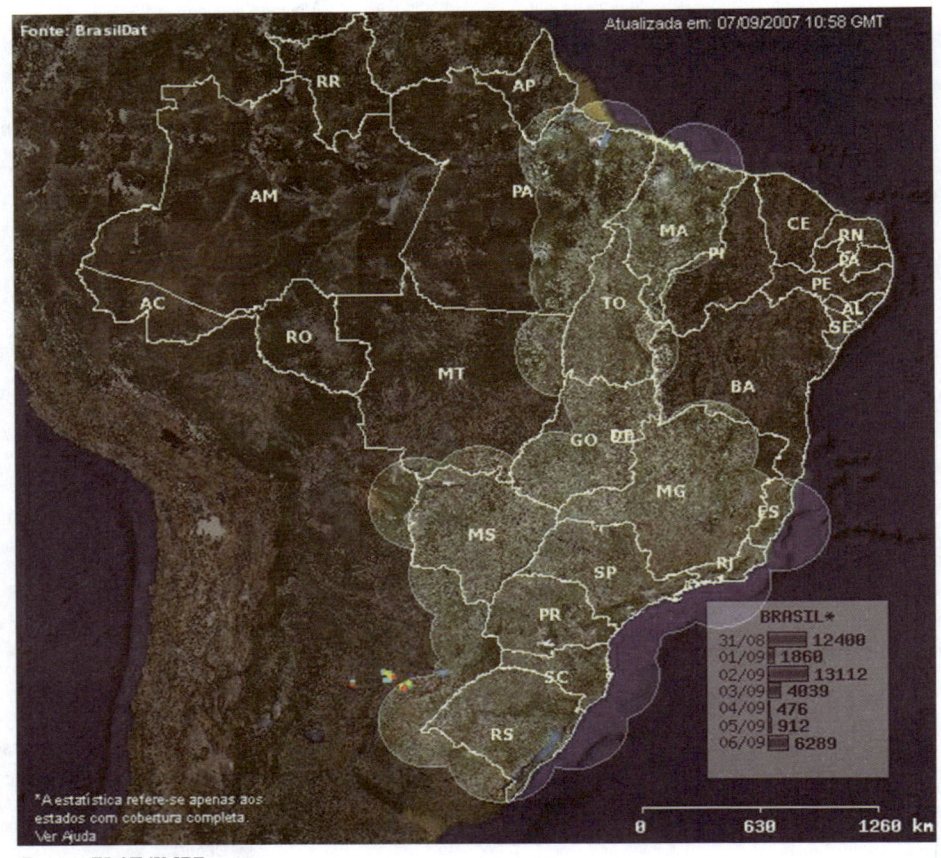

Fonte: ELAT/INPE

Mapa 4
Região de cobertura da BrasilDat em abril de 2008.

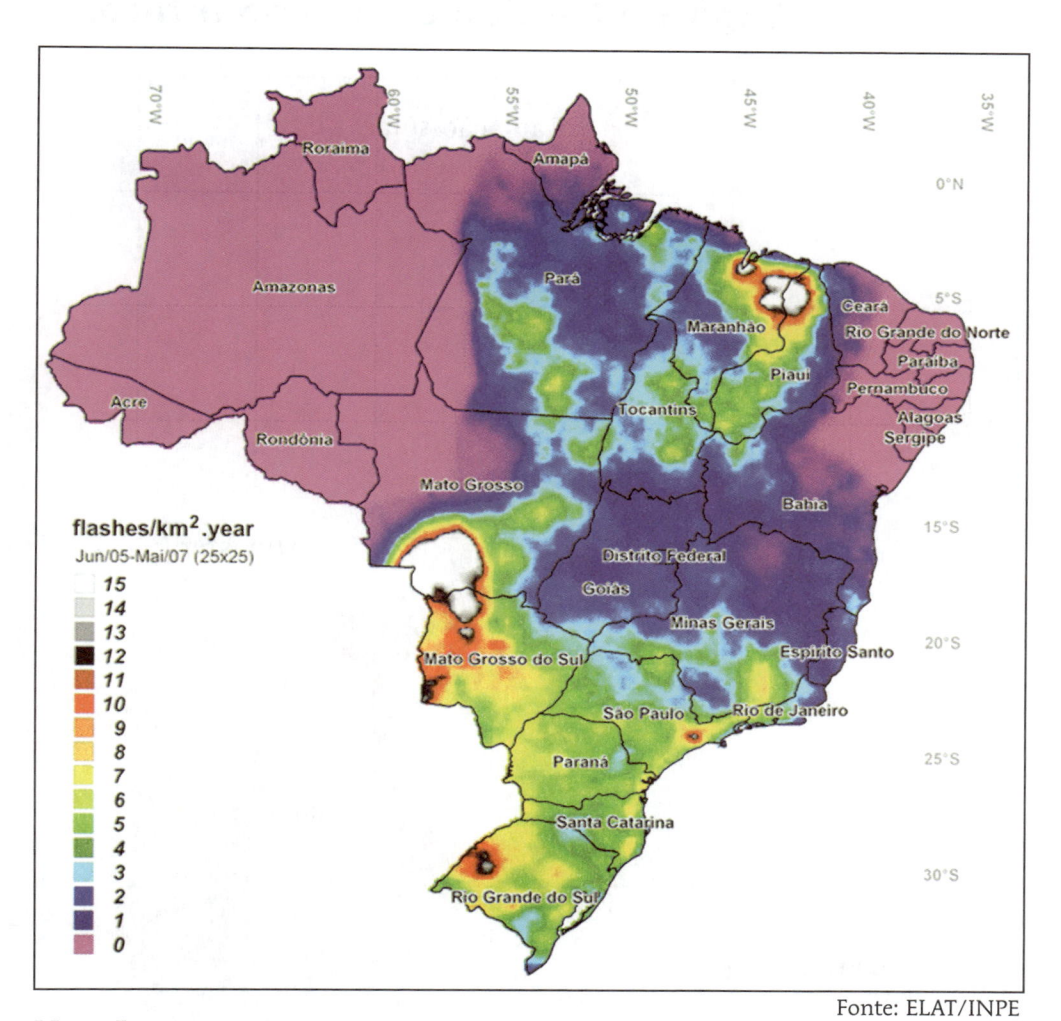

Fonte: ELAT/INPE

Mapa 5
Número médio de relâmpagos da nuvem para o solo por quilômetro quadrado por ano no Brasil com base em informações da BrasilDat entre 2005 e 2007. Somente valores dentro da área de cobertura da BrasilDat, mostrada no mapa 3, devem ser considerados.

Capítulo 7 – Como serão no futuro?

Figura 10
Ilustração do efeito estufa.

Fonte: ELAT/INPE

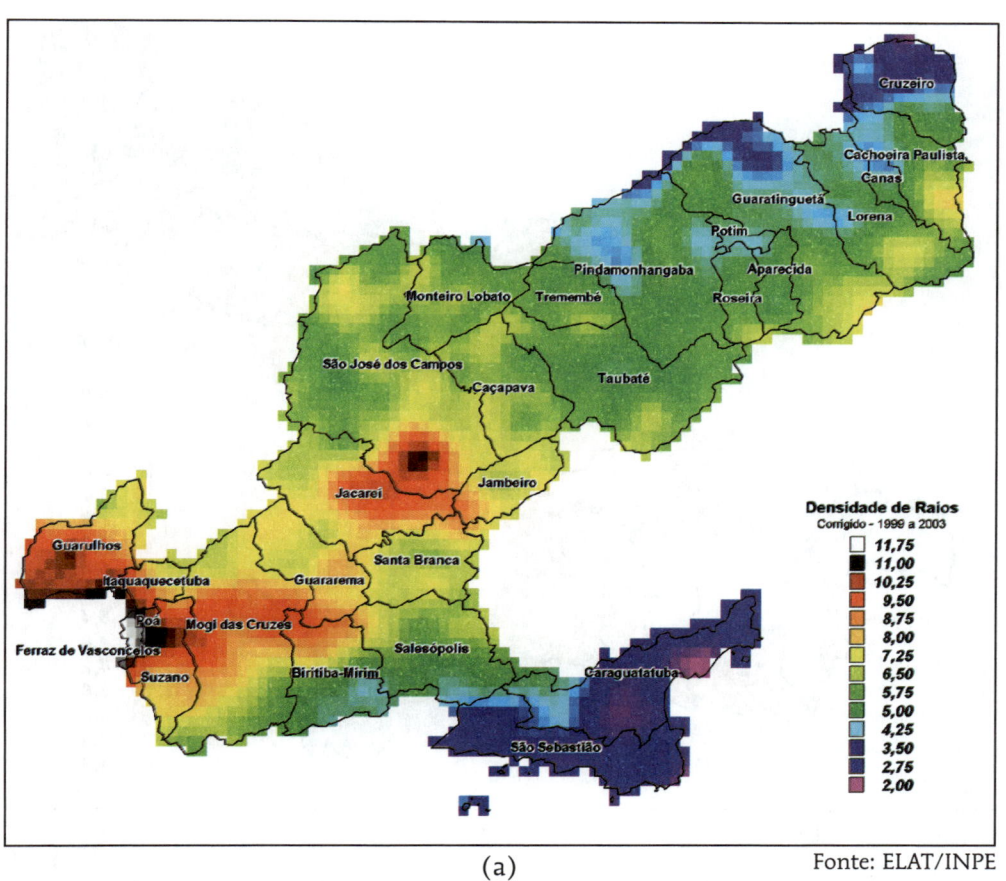

(a)

Fonte: ELAT/INPE

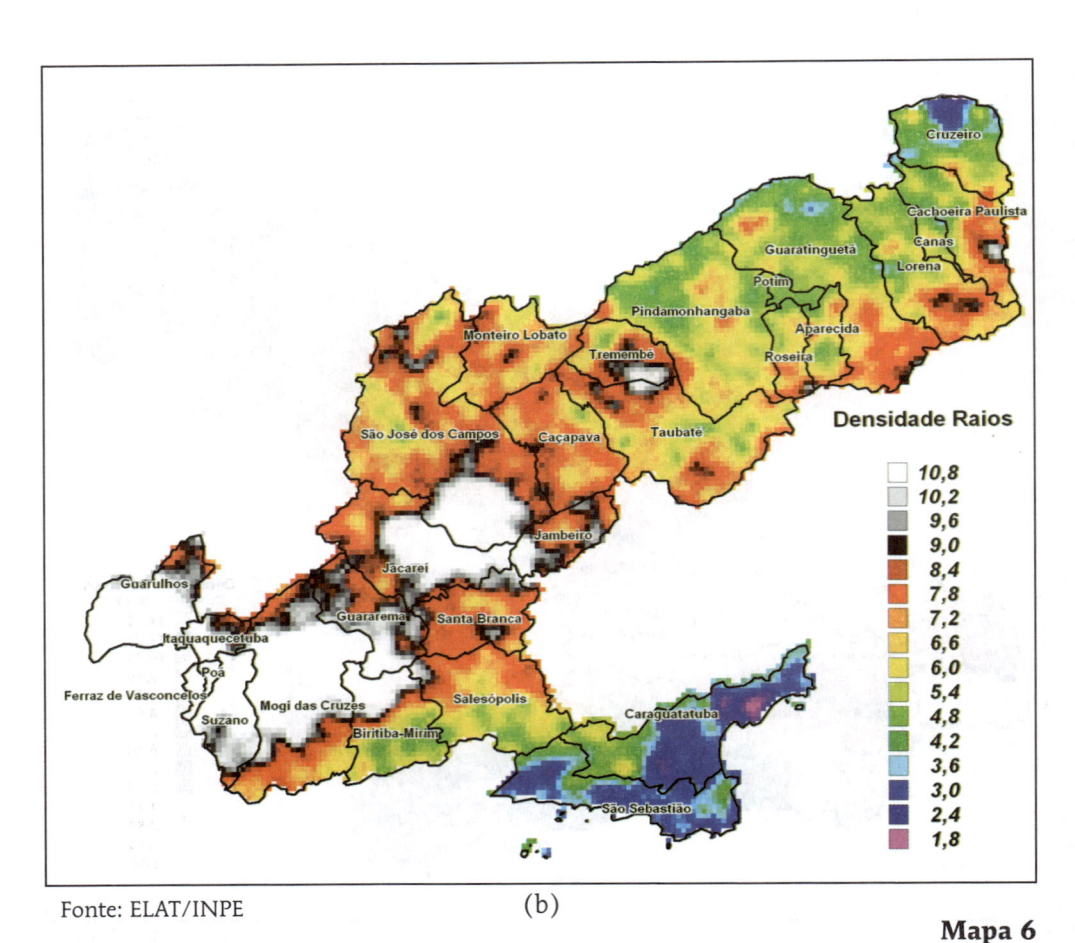

Fonte: ELAT/INPE

(b)

Mapa 6

Incidência de relâmpagos da nuvem para o solo (em relâmpagos por quilômetro quadrado por ano) atualmente no Vale do Paraíba (a) e para daqui a 25 anos (b), projeção obtida a partir de modelo desenvolvido pelo ELAT.

Indicações para leitura

Maiores detalhes sobre a física dos relâmpagos ou sobre as aplicações de engenharia relacionadas ao fenômeno podem ser obtidos nos livros abaixo:

PINTO JUNIOR, Osmar & ALMEIDA PINTO, Iara Regina Cardoso de. *Tempestades e relâmpagos no Brasil*. São José dos Campos, Ed. INPE, 2000.

PINTO JUNIOR, Osmar. *A arte da guerra contra os raios*. São Paulo, Oficina de texto, 2005.

Sobre os autores

Osmar Pinto Junior é engenheiro elétrico formado pela PUCRS, doutor em ciência espacial pelo INPE, pós-doutor em eletricidade atmosférica pela Universidade de Washington e coordenador do ELAT.

Iara Regina Cardoso de Almeida Pinto é física formada pela Universidade Mackenzie e doutora em ciência espacial pelo INPE.

Ambos são pesquisadores titulares do INPE e os fundadores do Grupo de Eletricidade Atmosférica (ELAT) (http://www.inpe.br/elat) do Instituto Nacional de Pesquisas Espaciais (INPE), onde realizam pesquisas sobre o tema desde 1979. São autores de mais de uma centena de artigos em periódicos nacionais e internacionais, mais de 200 artigos em congressos internacionais e de três livros.